Knorr

Von der Eider bis Düppel

Eine Skizze vom Kriegstheater

Knorr

Von der Eider bis Düppel
Eine Skizze vom Kriegstheater

ISBN/EAN: 9783743693609

Hergestellt in Europa, USA, Kanada, Australien, Japan

Cover: Foto ©Thomas Meinert / pixelio.de

Weitere Bücher finden Sie auf **www.hansebooks.com**

Vorwort.

Die vorliegende Arbeit beansprucht Nichts weniger, als eine erschöpfende Darstellung der kriegerischen Ereignisse sein oder einen militairgeschichtlichen Werth haben zu sollen.

Sie soll, neben einer kurzen Darstellung der Ereignisse, zum größten Theil Selbsterlebtes eines Touristen auf dem Kriegsschauplatz schildern, und ist für das größere Publicum bestimmt.

Vermag der Ertrag aus derselben ein Scherflein zur Unterstützung der Wittwen und Waisen der Gefallenen beizutragen, so ist der Verfasser überreich belohnt.

Der Verfasser.

I.

Die Aufstellung der verbündeten k. k. österreichischen und k. preußischen Armee vor der Eider, die wiederholt ausgesprochene Absicht Seitens der hohen Alliirten, Schleswigs Rechte wahren zu wollen, hatten immer noch nicht vermocht, den mißtrautschen und zaghaften Gemüthern genügende Garantie zu bieten. Man war von gewisser Seite sogar vorsätzlich bemüht, die deutschen Großmächte zu verdächtigen, als ob sie Dänemark in seinem Vorhaben, Schleswig von Holstein zu trennen, durch ihr Handeln Vorschub leisteten. Um so freudiger und allgemeiner wurde die beschleunigte Stellung des Ultimatums Seitens des Ober-befehlshabers der Alliirten, des Feldmarschalls Freiherrn v. Wrangel, und das diesem Acte folgende Ueberschreiten der Eider, der Uebertritt auf schleswig'schen Boden, begrüßt.

Man sah und überzeugte sich also, daß wirklich dem dänischen Treiben in Schleswig ein Ziel gesteckt werden sollte, denn diese Beschleunigung entsprang aus der richtigen Auffassung der Sachlage, den Dänen nämlich keine Frist zu gewähren, Süd-Schleswig vollends zu plündern, die Bewohner vor der Auf-erlegung neuer Lasten schützen zu müssen, vor Lasten, die beinahe 14 Jahre hindurch ununterbrochen getragen, das Land zu ruiniren drohten.

Die Aufforderung an den General en chef der dänischen Armee, General de Meza, einen alten bewährten Soldaten, Schleswig zu räumen, wurde am 31. Januar von zwei Adjutanten des Feldmarschalls v. Wrangel überbracht. In einer offenen Calesche passirten die Botschafter, salutirt von den dänischen Wachtposten, ungehindert die Thore Schleswigs.

barem Genie, hatten die Jünger der Befestigungskunst ein Werk geschaffen, das Sachverständige und Laien staunen machte, einen Wall aufgeworfen und befestigt, unter Umständen geradezu unnehmbar, — die Dannewerke. Unter Umständen! Wie waren denn aber die Umstände, in denen sich Dänemark dieser seiner Riesen = Schöpfung gegenüber befand? Sollten sich die Leiter der dänischen Armee unter den obwaltenden und bekannten Verhältnissen wirklich so weit getäuscht haben, daß sie den vereinten Kräften der beiden deutschen Großmächte gegenüber nachhaltig und auf die Dauer die Dannewerke zu halten vermeinten? Es ist kaum anzunehmen.

Daß dies factisch den dänischen Soldaten gesagt worden ist, daß man Hülfe erwartete, daß man ganz Europa glauben machen wollte, die Dannewerke seien absolut nicht zu nehmen, das sind andere Fragen. Daß man den Feind zu schrecken beflissen war, ist eine erlaubte Kriegslist; daß man ohne Weiteres sicher auf fremde Hülfe bauete, war eine leichtfertige und verfehlte Speculation; aber daß man den gemeinen Soldaten erst so unumwunden sagen mochte: Deutschland kann kommen, wir haben eine nicht zu nehmende Stellung — unsere Dannewerke — und dann ohne Sang und Klang abzog, das wird wohl kaum eine Entschuldigung finden können. Möchte man eine Entschuldigung darin zu finden glauben, daß die Siegesgewißheit des Soldaten hierdurch angespornt werde, ich halte den Nachtheil beim Mißglücken in keinem Verhältniß zum etwaigen Vortheil.

Es ist ein gefährlich Spiel, dem gemeinen Manne etwas unumstößlich glauben zu machen, was man selbst nicht glaubt.

Ich sehe hierbei von allem Anderen ab, ich ziehe nur die practische Seite in Betracht.

Wollte man beim Dannewerk aber siegen oder fallen, wollte man Alles um Alles wagen, dann laß ich ein gut Theil gelten; es möchte vielleicht die Maaßregel, mit zu schwachen Kräften sich mit der Uebermacht schlagen zu wollen, hart erscheinen, vielleicht sogar nicht klug sein, aber mindestens war es, wenn es geschah, ein Tribut, der Waffenehre gebracht. Man schlug gewiß der blutenden Wunden noch mehrere, aber man täuschte die Armee nicht so bitter, wie es geschehen; man opferte sie für eine wahr-

scheinlich verlorene Sache, aber in dem Bewußtsein, Alles daran
gesetzt zu haben, um zu siegen. Erst unbezwinglich, dann ohne
erheblich den Werth ihrer Waffen, der gepriesenen festen Stellung, den Werth ihrer selbst erprobt zu haben, mußte die dänische
Armee bei Nacht und Nebel davon. Eine harte, bittere, demü-
thigende Aufgabe! —

Die Annahme dänischerseits, das Vorgehen der Alliirten sei
so ernst nicht gemeint, als es bald sich herausstellen sollte, kann
einigermaaßen es begreiflich machen, daß, unter den obwaltenden Verhältnissen, und vorausgesetzt, daß man sich nicht über die
eigene Lage täusche, die Stellung nicht eben so gut am 1. wie
am 5. Februar aufgegeben wurde. Jedenfalls hätte man bei
Weitem und nach allen Richtungen günstigere Resultate, seien sie
politischer, seien sie militärischer Natur, erzielen können. —

Daß die Länge der Dannewerksstellung ihre Schwäche in-
volvire, war Niemandem fremd, und durfte es vornehmlich keinem Manne von Fach sein; daß die dänische Armee Elemente
in sich berge, die der Sache, für die sie fechten sollte, feindlich
gesinnt seien, wußte ganz Europa; daß man schon alle Kräfte
angespannt hatte, um die Armee auf eine Höhe von etwa
35—40,000 Mann zu bringen, war ein gewichtiger Umstand,
wenn man erwog, daß ganz Deutschland, oder dessen Hauptfac-
toren auch nur, ich kann wohl sagen, jede irgend erforderliche
Zahl von Truppen mit Leichtigkeit gegenüber zu stellen vermochten.

Die dänische Armee, ohne die Elemente, die theils an und
für sich — also die Deutschen, Schleswiger und Holsteiner —
theils als durch die Vergrößerung nothgedrungen herangezogen,
kriegsentwöhnte zu alte Soldaten aus längst zurückgesetzten Jahr-
gängen und plötzlich massenhaft ernannte Officiere ohne beson-
dere Erfahrung (sogenannte Doublier-Officiere), ihr nur zum
Schaden gereichen konnten, war eine gut geschulte. Sie hatte
brauchbares Material; kräftige ausdauernde Leute, gut ausge-
rüstet, geübt und disciplinirt; sie hatte viele kriegserfahrene,
durchweg gebildete Officiere, aber sie war, und das wollte man
nicht zugeben, so wie sie war, d. h. bei Angabe von 35 bis
40,000 Mann mit der Beimischung der feindlichen und aus Noth

was Witterung, Mangel an Lebensmitteln u. f. w. anbetrifft, zu erdulden und hierin das Unerhörteste zu leiden hatte, doch wenigstens in der Lage war, hin und wieder seinen Truppen, vermöge ihrer Zahl, einige Ruhe zu gönnen; dem jeder Zeit die Mittel geboten waren, neue Kräfte heranzuziehen.

In richtiger Beurtheilung der vorliegenden Verhältnisse hatte denn auch die General=Disposition des Oberbefehlshabers der Alliirten die Idee der Umgehung der linken Flanke festge= halten, durch abwechselnde Beunruhigung auf der ganzen Linie die feindlichen Kräfte zersplitternd und die Aufmerksamkeit der Dänen von dem Hauptplane — der Umgehung — ableitend.

Leider hat dieser Plan, so glänzend er auch angelegt war und ausgeführt wurde, in seinem schließlichen Erfolge nicht das erreicht, was er erreichen mußte, das ist die Abschneidung der dänischen Armee — ihre Vernichtung.

Was den Erfolg vor Allem beeinträchtigte, war die auf's Unglaublichste verzweigte und systematisch geordnete Spionage der dänischen Helfershelfer, deren Treiben unbegreiflicher Weise unter den Augen der Truppen bestehen konnte. Alles, was Seitens der Verbündeten geschah, jede auf irgend einen Plan hindeutende Action kam sicher und schnell zur Kunde des Ober= generals der dänischen Armee, während über das Vorhaben dieser fast keine Nachricht zu erhalten war.

Man hatte allerseits vor dem auch nur auf die kürzeste Dauer abgemessenen Belassen der dänischen Beamten und Geist= lichen in ihren Aemtern gewarnt; man kannte aus zu langer Erfahrung die bübischen Charaktere dieser Sippschaft, zum großen Theil politische Renegaten.

Man haßte, war sie selbst doch zum ausführenden Werkzeug der härtesten Bedrückung des Landes ausersehen, die Armee und besonders die Soldaten nicht so glühend, als jene, ja man sagte ihr als solcher, sogar von Seiten der enragirtesten Schleswig= Holsteiner, nichts direct Böses nach.

Hatte man auch in Süd=Schleswig, ähnlich als in Hol= stein, bei Beseitigung der Beamten und Geistlichen, stellenweise schon Selbsthülfe angewandt, dennoch waren Leute wie Blauen= feldt, Vater und Sohn, geblieben, und einer dieser hündischen

Race war genug, um unersetzlichen Schaden für die Alliirten hervorzurufen. Ersterer wurde, zum Glück für die Menschheit, bei dem schändlichen meuchlerischen Vorhaben: eine preußische Patrouille gegen Oesterreicher, die Aehnlichkeit der Bekleidung und die Dunkelheit der Nacht vorschützend, um sie als Dänen bezeichnen zu können, auf der That ertappt und in Gewahrsam genommen. Trifft ihn nicht noch verdientere Strafe, so wird er hoffentlich in der Nähe des Schauplatzes seiner That — zur Schleifung der Dannewerke die noch übrige Zeit seines Lebens verwenden.

Die Mühle von Missunde wurde von den Dänen bei freiem Wetter förmlich als Telegraph benutzt. Selbst bei Windstille bewegten sich von Zeit zu Zeit ihre Flügel, etwa als wolle der Müller die Richtung des Windes prüfen und darnach die Stellung seiner Mühle einrichten. Eine gewisse Regelmäßigkeit bei diesem Manöver führte bald zu der Ueberzeugung, daß die durch Menschenhände bewirkte Bewegung verabredete Zeichen seien. Mit einem Wort, der Müller telegraphirte Alles, was den Dänen zu wissen nöthig war, und der Telegraph längs der Dannewerke brachte im Nu die Kunde nach Schleswig und Friedrichstadt, ja nach Kopenhagen. Der Müller von Missunde ist jetzt Compagnon der Firma Blauenfeldt und Sohn in Rendsburg. —

Doch ich greife zu weit vor. —

Der Vormarsch der alliirten Truppen begann am 1. Februar.

Am rechten Flügel der Operationslinie des preußischen Armee-Corps, unter Führung des Prinzen Friedrich Carl von Preußen, dem ein guter Ruf als genialer und einsichtsvoller Soldat vorausging, und dem hier Gelegenheit werden sollte, die ersten Lorbeeren zu pflücken. Es bestand aus

der 6. und 13. Infanterie-Division (Generallieutenant v. Manstein und v. Winßingerode), sowie einer combinirten Cavallerie-Division (Generalmajor Graf Münster zu Meinhövel) und einer combinirten Artillerie-Brigade; ferner der dazu gehörigen Pionnier-Abtheilungen u. s. w.

Die hierzu gehörigen Brigaden sind:

die 11. Infanterie-Brigade (Frhr. v. Canstein), bestehend aus dem 35. und 60. Infanterie-Regiment.

und König Wilhelm I. v. Preußen No. 34 und dem 18. Feldjäger-Bataillon;

der Cavallerie - Brigade Generalmajor Dobrzenski, bestehend aus den Regimentern Liechtenstein-Husaren No. 9 und Windischgrätz - Dragoner No. 2; ferner aus der dazu gehörigen Artillerie, den Pionnieren u. s. w. — Am linken Flügel die preußische combinirte Garde - Division, unter Commando des Generallieutenants v. b. Mülbe, aus lauter neuformirten Regimentern bestehend und bestimmt, hier die Feuertaufe zu empfangen. Sie war vorläufig der Führung des österreichischen Corps - Befehlshabers untergeordnet und bestand aus

einer combinirten Garde - Infanterie - Brigade (Generalmajor Graf v. b. Golz), bestehend aus dem 3. und 4. Garde-Regiment zu Fuß; sowie einer combinirten Garde - Grenadier - Brigade (Oberst v. Bentheim), bestehend aus dem 3. Garde-Grenadier - Regiment Königin Elisabeth und dem 4. Garde-Grenadier-Regiment Königin Augusta; hierzu gehörten schließlich das Garde-Husaren-Regiment und eine 4pfündige Batterie der Garde - Artillerie-Brigade, beide übrigens die letzten zu dem ganzen Corps gestoßenen Truppen. —

Prinz Friedrich Carl ging bei Levensau über die Eider, dort die aufgezogene Kanalbrücke, die den entgegenzusetzenden Widerstand symbolisch andeuten sollte und deren Ketten gesprengt werden mußten, passirend. Eckernförde wurde noch am 1. genommen, ohne dort wesentlichen Widerstand zu finden.

Zwei dänische Kriegsschiffe, „Esbern Snare" und „Thor" lernten dort die Wirkung der preußischen gezogenen Geschütze — als schlagenden Beweis des Fortschritts der Artilleriekunst seit dem 5. April 1849 — in kurzer Zeit kennen und verließen, hart mitgenommen, den Hafen.

Eckernförde empfing die preußischen Soldaten, — alte liebe Bekannte vom ersten Kriege her, — mit gewohnter Freundlichkeit und dem lautschallendsten Jubel, als die ersten deutschen

Truppen, die Befreiung bringend, eine schleswigsche Stadt betraten.

Es war Abends illuminirt, überall die Landesfarben, Schleswig-Holsteinmeerumschlungen aus hochschlagender Brust. Das weitere Vorrücken desselben Corps engagirte die Dänen, am folgenden Tage, am 2., in freier Feldschlacht bei dem Kirchdorfe Cosel. Die preußischen Truppen kämpften mit bewundernswerter Tapferkeit und drängten die hartnäckigen Widerstand entgegensetzenden und eben so wacker fechtenden Dänen bis in die Missunde-Stellung zurück. Ein Ziel war also vorläufig erreicht — die Stellung vor Missunde, demjenigen Punkte, der wohl allgemein und mit Recht als Druckpunkt und Ausgangspunkt der weiteren Operation angesehen wurde.

Ein sofortiges Eröffnen des Geschützfeuers gegen die Werke bei Missunde, hatte nicht den gewünschten Erfolg und große Verluste kennzeichnen die Bravour der Truppen unter Führung ihres kühnen prinzlichen Feldherrn.

Gegen die ungeschwächt arbeitenden Batterien wurde, mit Todesverachtung kämpfend, jedes mögliche Opfer gebracht. Die Infanterie, die nicht stürmen sollte, ging immer und immer wieder vor; die Officiere konnten die Soldaten kaum zurückhalten, auf die Verderben speienden Schanzen zu laufen. Um zu große Opfer zu vermeiden und da der hereinbrechende Nebel das Zielen fast unmöglich machte, brach der Befehlshaber das Gefecht etwa um 4 Uhr Nachmittags ab.

Der Prinz selbst war in steter Lebensgefahr, einer seiner Adjutanten, Graf v. d. Gröben, wurde in seiner Nähe erschossen, außerdem 2 Officiere, die Lieutenants Kipping der 3. Artillerie-Brigade und Hagemann des 24. Infanterie-Regiments; verwundet waren 7 Officiere, darunter Oberstlieutenant v. François des 24. Infanterie-Regiments schwer; sodann über 100 Mann todt und verwundet.

Lieutenant Hagemann liegt in Flensburg begraben, mit ihm der Unterofficier Braune desselben Regiments, der, im Begriff, den verwundeten Officier zu verbinden und seine Mitnahme zu bewirken, von einer feindlichen Kugel getroffen, ebenfalls blieb.

Von dem zum Gefecht gekommenen Truppen der Brigaden

nicht gern gesehen zu werden, Alles das sind Verhältnisse, die starken Sinn und hohe moralische Kraft, neben der vorauszusetzenden physischen erfordern.

Wie leicht besiegten die Braven Eines wie das Andere, wie bald feierte man die vorher ungern empfangenen, ungebetenen Gäste. Woher dies Alles?

Der Ernst, mit dem für die gute Sache eingestanden wurde und das würdige Auftreten der Truppen selbst, waren die Haupthebel der blitzesschnell umgewandelten öffentlichen Meinung.

Eins sei mir noch erlaubt hier anzuführen. Ich meine:

Die aufopfernde Thätigkeit und Sorgfalt der Bewohner Kiels durch Versorgung der bivouakirenden Truppen und die dankbar anerkannte und zum Vortheil der Leidenden gespendete thätliche Hülfe beim Gefecht, durch Forttragen der Verwundeten und Dienstleistung auf den Verbandplätzen.

Das österreichische Corps hatte den Uebergang über die Eider bei Rendsburg zu nehmen. Die Truppen der Brigade Nostiz in verdeckter Stellung innerhalb der Stadt aufgestellt, passirten die Eiderbrücke und unter Nichts sagenden Demonstrationen des Postens auf derselben und einer dänischen Abtheilung, im ehemaligen Kronwerke, zogen sich die Dänen hier ebenfalls zurück. Das österreichische Corps entwickelte sich etwa in der Breite der Rendsburg-Schleswiger Eisenbahn und dem Wittensee, zur linken die preußische Garde-Division unter General-Lieutenant v. d. Mülbe, rechts an das vorgenannte Corps anschließend.

Am 2. befand sich das Hauptquartier in Alt-Duwenstedt, während die Truppen in Alt- und Neu-Duwenstedt, Bünstorff, Stentenmühlen u. s. w. cantonnirten. Am 3. Morgens begab sich das österreichische Corps auf den Weitermarsch. An das Corps des Prinzen Friedrich Carl anschließend die Brigade Dormus, sodann nach links folgend die Brigaden Thomas, Nostiz und Gondrecourt, letztere, deren Geschichte wir zunächst weiter verfolgen, bestehend aus den beiden Infanterie-Regimentern:

König von Preußen No. 34 (Oberst Benedeck),
Baron Martini No. 30 (Oberst von Abele),
dem 18. Feldjäger-Bataillon (Oberstlieut. Eysselt).

Denselben waren ferner beigegeben 1 Escabron Lichtenstein-Husaren, 1 Batterie und 1 Detachement Pionniere.

Nachdem sich die Brigade Gondrecourt gegen 10 Uhr Morgens bei Stentenmühlen in Rendezvous-Stellung gesammelt hatte, setzte sie ihren Marsch, auf dem Wege nach Gr. Breckendorff vorgehend, fort. Sie hatte den Auftrag, diesen Weg verfolgend, bis gegen Lottorff, Jagel, Nieder- und Ober-Selk und Wedelspang vorzugehen, diese Ortschaft zu nehmen und sich dort, Vorposten vorschiebend, festzusetzen.

Die nach rechts folgenden Brigaden, zunächst die des General-Major Nostiz über Geltorf bis vor Schleswig, Bustorf, Habdebye, sollten das Terrain vor der Schlei occupiren, um in Verbindung mit dem rechten Flügel, dem Corps des Prinzen Friedrich Carl, die ganze Tannewerk-Schlei-Stellung zu beobachten. Die Aufgabe des linken Flügel-Corps war die gebotene Bewachung der Linie bis Friedrichstadt und für den Fall einer weiteren Active, die Erzwingung eines Uebergangs und selbstverständlich die Verhinderung einer etwaigen Diversion der Dänen in die linke Flanke der Alliirten, was übrigens kaum vorauszusehen war. Bis dahin hat die Garde-Division ebenso wie das österreichische Corps noch nicht agirt. Das am 2. erfolgte Cavallerie-Gefecht der ersteren war ohne Bedeutung. Sie stand am 2. in und um Kropp, Gr. Rheide u. s. w. und schob sich am 3. über Kl. Rheide gegen Friedrichsheide vor.

Die Brigade Gondrecourt, als Avantgarde, das 18. Jäger-Bataillon, 1 Zug Husaren, 2 Geschütze und 1 Section Pionniere, verblieb bis Gr. Breckendorf zusammen. Hier erhielt der Oberst Benedek mit dem 1. Bataillon seines Regiments (Oberstlieutenant Graf Petting), 1 Zug Husaren und 2 Geschützen den Auftrag, den Weg links über Lottorf nach Jagel einzuschlagen und diese Dörfer zu nehmen. Der Rest der Aufgabe blieb dem Gros vorbehalten. Als solches folgte nunmehr das 2. Bataillon „König von Preußen" (Major Stransky), das 2. Bataillon „Martini" (Major Stampfer), mit, wie schon gesagt, dem 18. Jäger-Bataillon als Avant- und dem 1. Bataillon „Martini" (Oberstlieutenant Dreskowirz) als Arriere-Garde; 6 Geschütze, der Rest der Cavallerie und Pionniere.

ments die Geschütze einer gezogenen Feldbatterie auf, die trotz des heftigsten anhaltenden Shrapnellfeuers dennoch nicht dem einen Bataillon des Regiments „König von Preußen", verhältnißmäßig nur unwesentlich durch zwei Geschütze unterstützt, den Rückzug zu dictiren vermochten.

Nach etwa zweistündigem Kampf um dasselbe war und blieb Jagel genommen. Seitens der Garde-Division betheiligte sich am Gefecht eine Compagnie des Regiments Königin Augusta, und hatte einen Verwundeten.

Zu derselben Zeit etwa, zu der vor Jagel das 1. Bataillon des Regiments „König von Preußen" ankam, war das 18. Jäger-Bataillon, gefolgt von dem Gros, zwischen Ober-Selk und dem Noer durch, gegen die „Königshöhe" und Wedelspang vorgerückt, Beides stark besetzt findend.

Jenseits „Königshöhe" liegt eine Schanze.

Von den Jägern im Verein mit dem 2. Bataillon „König von Preußen" angegriffen, wurde „Königshöhe", auf Heftigste durch Shrapnellfeuer und 4—5 Infanterie-Bataillons, denen sich die Besatzung der Schanze, ein Jäger-Bataillon, zugesellte, vertheidigt, mit großem Verluste, aber dennoch erstürmt, während das Regiment „Martini" und der linke Flügel des 2. Bataillons „König von Preußen" Wedelspang nahmen. Hier leistete die Artillerie, 4pfündige gezogene Geschütze, erheblichen Vortheil und ist besonders bei den grundlosen Wegen ihre leichte Beweglichkeit zu rühmen.

Auf's Heftigste von der Batterie der Schanze beschossen, wurde bis an diese vorgedrungen, unterstützt durch das Bedrücken des dänischen linken Flügels Seitens der Jäger des 9. Bataillons, die die linke Flanke der Brigade Nostiz bildeten. Die Schanze vollends zu nehmen, mußte der großen Verluste und der hereinbrechenden Dunkelheit wegen aufgegeben werden, doch waren die Leute kaum zurückzuhalten und einzeln schon bis an die Gräben vorgedrungen.

Nur vorwärts! Nicht nachlassen! das war die allgemeine Losung.

Ein gezogenes Feldgeschütz und 2 Dannebrogs erobert, 1 Officier und 163 Mann gefangen, das war der theuer, aber ruhmvoll errungene Preis des Tages, der österreichischer Waffen altbewährten Ruhm von Neuem bekundet, dem Siegeskranz einen frischen Lorbeerzweig hinzugefügt hatte. 8 Officiere auf der Stelle todt und 20 verwundet, von denen kurz darauf noch 3 verstarben; 187 Mann todt und 302 verwundet, waren die für einen so kurzen Kampf enormen Verluste einer Brigade, erklärlich freilich durch das unaufhaltsame Vorgehen auf die festesten Positionen der Dänen und ein Beweis, daß letztere zu kämpfen, besonders zu schießen verständen. — „Die Dänen schießen ganz ausgezeichnet," sagte mir ein österreichischer Officier, „aber „unsere Bajonnett-Angriffe und das Ungestüm des Vorgehens „können sie nicht vertragen," und drei Tage später bestätigte mir ein gefangener dänischer Officier, „daß die Bajonnettangriffe der „Oesterreicher, das fortwährende Hurrahschreien und das nicht „nachlassende Vorgehen, auf seine Leute einen überwältigenden „Eindruck gemacht hätten."

Alle Officiere der Brigade Gondrecourt hatten mit staunenswerther Bravour gekämpft, keinem Soldaten wäre ein weniger gutes Verhalten nachzusagen.

Besonderer Bravour wegen wurden allseitig auch die Adjutanten Oberlieutenant Papay und Lieutenant Zachariewirz belobt.

Oberst Benedek war bei Jagel, einer der ersten, verwundet und übernahm Oberstlieutenant Graf Petting das Commando. Oberst v. Abele hatte zwar mehr Glück, was sein durchlöcherter Mantel bewies, aber auch nur diesem hat er es zu danken, daß er kampfesfähig blieb.

Major v. Stransky bekam eine Kartätschenkugel in's Bein, die ihm ein Schlüsselbund in's Fleisch drückte. Wäre ihm eher Hülfe geworden — er war einer der zuletzt aufgefundenen Verwundeten — es wäre einer der tapfersten Soldaten am Leben erhalten.

Major Stampfer, zwei Tage vorher erst zu seinem Regiment zurückgekehrt, mit ihm Lieutenant Battlogg, zählten auf der Stelle zu den Todten.

Die 1. Compagnie des 34. Infanterie-Regiments hatte sich die Ehre erbeten, das Gefecht eröffnen zu dürfen. Die Tapfer-

Selt die kalte Wintererde die Gefallenen — Freund und Feind. Zwei Kreuze schmückten Tags darauf ihr Ruhebett, gegraben von österreichischen Pionnieren und Jägern des 9. Bataillons, die hier auch schon mehrere ihrer Cameraden verloren hatten. — Die Brigade Thomas übernahm für die erschöpfte Brigade Gondrecourt die Vorposten, während Letztere in Lottorf und Umgegend Cantonnements bezog. Das Hauptquartier war in Gr. Brecfendorf.

Was Kriegstüchtigkeit und Energie vermag, war geleistet; den Dänen und der Welt bewiesen, daß man bitteren, sehr bitteren Ernst zu machen gesonnen sei; daß man Verlüste nicht scheue, aber daß man um jeden Preis zu siegen — oder aber zu fallen gedenke.

Das erste Gefecht war siegreich gewesen. Man hatte aber eine weit größere, eine ungeheure Aufgabe vor sich, auf die sich vorzubereiten keine unnütze Bestrebung war. — Der Sturm auf die eigentlichen Dannewerke, und nichts Anderes, war diese Aufgabe, vorbehalten dem Corps des Generals v. Gablenz. —

Man war sich in Gr. Brecfendorf sehr wohl bewußt, was dies heiße, man unterschätzte diese Aufgabe keineswegs, um so weniger, als das Gefecht bei „Königshöhe" bewiesen hatte, daß die Dänen nicht unwürdige Gegner seien. —

„Hätten das Turner gethan, was gestern meine Brigade Gondrecourt im Verein mit den Jägern des 9. Bataillons that?" fragte am folgenden Tage der General v. Gablenz einen fremden Officier, und ich glaube, der Officier konnte keine andere Antwort auf die Frage haben, als: „Nein, Excellenz, dazu gehörten Soldaten, wirkliche Soldaten."

II.

Ich habe Dich nun, lieber Leser, so weit ich es für eine kurze Darstellung und zur Erlangung eines Ueberblicks über die Lage der Dinge für erforderlich hielt, mit den Hauptereignissen des Vorrückens der Alliirten bis vor die Dannewerk= Stellung, deren Entsetzung die Hauptaufgabe sein sollte, darüber herrschte wohl kaum ein Zweifel — bekannt gemacht. Willst Du mir nun auf einem Gange durch das bunte Gewirr des Kriegslebens weiter folgen, so will ich Dir getreulich berichten, was ich erlebt und gesehen habe.

Bringe ich Dir etwa einmal eine Reminiscenz aus vergangenen Tagen, die nicht so ganz zur Sache gehört, verzeih' es mir, denn ich war selbst schon einmal mit Deutschlands tapferen Schaaren in Schleswig, und liebe das Land und sein Volk aus ganzer Seele.

Der Drang, das geliebte Schleswig von dänischen Fesseln befreit zu sehen auf der einen Seite, alte liebe Freundschaftsbande an die jetzigen Kämpfer für seine Freiheit auf der anderen Seite, hatten mich bestimmt, aus weiter Ferne zu kommen, um das mir speciell befreundete Officiercorps eines Infanterie-Regiments aufzusuchen, das, ich wußte es, mich gastlich aufnehmen würde — ich will es gestehen, — dem ich beim Abschiede versprochen hatte, nachzukommen, wenn es irgend Zeit und Umstände mir gestatteten.

Und so war ich denn da, — mit einem Schlage aus tiefem Frieden in das wüste Kriegsgetümmel geschleudert, rechtzeitig gekommen, um den großen Ereignissen, die ganz Europa in Spannung erhielten, als Augenzeuge beiwohnen zu sollen. —

Seit dem 4. Februar befand sich das k. k. österreichische Hauptquartier in Lottorf.

Dies mag in Friedenszeiten einem müden Wandersmann, wer sollte an schleswig-holsteinischer Gastfreundschaft zweifeln wollen, ebensowohl seine Thore bereitwillig öffnen, als jeder andere Ort. Die Bauern haben gewiß dort ebenso gut, als irgendwo im Lande, ihre gefüllten Vorrathskammern, holen ihre Schätze auch ebenso gern hervor und trinken sicherlich mit ihrem Gaste ein Glas Madeira — dessen Aechtheit festzustellen ich übrigens nicht übernehmen möchte — zum Willkommen, durch welche echt patriarchalische Sitte man unter den Schutz und Trutz des Hauses gestellt ist. Als mich der Weg des Lebens jetzt hieher führte, war das anders. Die Bewohner waren fast ohne

Man ließ mich in Lottorf einpassiren. Aber nun wohin? Ein paar Italiener, Feldschlachter, die — es war gegen 2 Uhr Morgens — sich wahrscheinlich zu dem beginnenden Tagewerk anschickten, zogen, die Aexte, Attribute ihres Amts, auf der Schulter, nach einem Platz seitwärts des Dorfes, der sich als Feldschlachterei unverkennbar darstellte. Ich redete sie an, wir konnten uns aber nicht verständigen. Mit einem Windisch-grätz-Dragoner, der sich bemühte, aus dem zugefrorenen Dorfbrunnen mit einem Eimer Wasser zu schöpfen und zu diesem Zweck mit einer Stange das Eis zu durchstoßen versuchte, ging es mir nicht besser.

Victoria! dort flattert die schwarz-gelbe Fahne, dort ist das Hauptquartier, dort ist eine Wache. Dort erfahre ich, ob meine Freunde hier liegen, und wenn nicht, wo das Wirthshaus ist.

Ich rede den Posten, der vor der Thür steht, an, aber, o Grausen, der Unglückliche ist — das heißt, der Mann ist zu meinem Unglück ein Croat, Czeche oder Pole, jedenfalls aber ein Mensch, dem ich ebenfalls nicht die Gefühle meines Herzens durch Worte verständlich machen kann. O Babylon, o Babylon! dein Thurmbau hat noch nach Tausenden von Jahren seine Folgen an mir fühlbar gemacht durch eine halbe Stunde grausamsten Frierens.

Im Quartier des Generals war noch Licht, dem Feldherrn noch keine Ruhe gegönnt. Ich konnte doch aber zu solcher Zeit, wollte ich es auch unangemeldet wagen, nicht eintreten. Hatte ich auch eine sichere Empfehlung von lieber Hand, die mich einführen sollte, bei mir, zu dieser Aufdringlichkeit berechtigte sie mich nicht.

Ein Entschluß mußte gefaßt werden. Ich gehe in das erste beste Haus hinein, öffne eine Thür und frage nach meinem Regiment. Das Glück hatte mir wohlgewollt; ich war in ein Officiersquartier gerathen. Der Erkundigung nach meinen Freunden wurde der Bescheid, sie seien seit gestern auf Vorposten, daran aber — Dank sei es österreichischer Cameradschaft, die sich, wie das Beispiel zeigt, selbst soweit auf die Freunde der Cameraden erstreckt — die Aufforderung geknüpft, zu bleiben, wenn ich, wie man mit sympathischem Gefühl voraussetzte, noch kein anderes Quartier habe.

Meine Frage, wo der Gasthof im Dorfe sei, da ich nicht gern beschwerlich fallen möchte, erregte homerisches Gelächter. Lottorf, und jetzt einen Gasthof! Also, ob ich blieb? Ich war froh, endlich ein Obdach zu haben, ein Plätzchen, noch so bescheiden, wo ich mein müdes Haupt niederlegen konnte. Und es war bescheiden, dieses Obdach. Vier Wände und eine Streu darin, ein Tisch und ein Stuhl, das war alles Hausgeräth für sieben oder acht Personen, und doch, „was braucht man denn mehr, um glücklich zu sein," ich war selig, diese Hütte, mir ein Pallast, theilen zu können.

Ich fühlte mich unter meiner Reisedecke — ein Oesterreicher würde es „seinen Kotzen" nennen —, die ich, als unnützen Ballast und unseldmäßig, ursprünglich hatte zu Hause lassen wollen, sehr behaglich. Sprungfedermatratzen haben freilich nicht die üble Eigenschaft des Strohs, Augen und Ohren zu stechen, aber es war doch besser, als die offene Landstraße, und so schlief ich denn bald ein, träumend von Kanonendonner, Sturm auf die Dannewerke und wildem Schlachtgetümmel.

Ich mag ein paar Stunden gut geschlafen haben. Gegen Morgen aber überkam mich eine solche Kälte, daß ich davon erwachte und mein Nebenmann, durch mein Zittern gestört, mich für fieberkrank hielt. Das sechsstündige Herumtreiben unter freiem Himmel und auf offener Landstraße bei Schnee und Kälte, hatten es mir armen verwöhnten Treibhausflanze angethan.

Gut, daß meine Gastfreunde, sämmtlich dem Hauptquartiere angehörig, selbst, durch ihren Dienst veranlaßt, zeitig die Streu verlassen mußten, so wenigstens hatte ich sie nicht gestört.

Ich war unter lauter Officieren, charmanten, liebenswürdigen Leuten, die sich gruppenweise, gewöhnlich eine oder zwei Compagnien — vier bis acht Köpfe — zusammen einquartiert hatten. Der Quartierälteste war ein Hauptmann, der mich durch ein warmes Schälchen Caffee bald wieder auf die Beine brachte, so daß ich, Dank ihm, der selbst gehegten Befürchtung, mir auf's Allergründlichste etwas geholt zu haben, überhoben war.

Mein Heldencostüm war schnell wieder geordnet, denn wirklich ausgezogen hatte ich mich nicht und nur (mein Revolver war noch ungebraucht und ist es auch — Du sollst nicht tödten —

„Liegt Ihr Alle hier?"

„Ja natürlich, das ganze Regiment."

„Du bleibst bei uns! Ich habe Dir viel zu erzählen; mir haben tüchtig gerauft, aber auch viele Verluste."

Ich machte mein Bedenken geltend, daß ich Verpflichtungen älteren Datums nachzukommen habe, aber was half mir das? ich war eingefangen, und fort ging es, die lieben Freunde auf= zusuchen, alle zu begrüßen.

Alle? ach nein! für ein gut Theil gab es ja nur noch die Erinnerung, nur noch Thränen, die sich dem braven Freunde und mir unvermerkt in's Auge stahlen.

Ich mußte bleiben. Jeder wollte mich bei sich beherbergen; Jeder bot mir die gewiß aufrichtig gemeinte Gastfreundschaft an. Ich blieb gern.

Eins that ich aber nicht; ich ging nicht fort von meinem gestrengen Hauptmann und Hausherrn, dessen gastliche Streu mich, den Odysseus der vergangenen Nacht, so bereitwillig auf= genommen hatte. Ich blieb unter seinem Commando, und war es auch rein militärisch, ich befand mich wohl unter demselben.

Unser Hausherr war streng, aber gerecht. Ordnung und Präcision seine Losung, litt er Nichts, was dagegen fehlte. Keine offene Thür, keine Stiefeln mit Schnee bedeckt, kein Um= herwerfen der Sachen. Jedes Ding an seinem Platz, Alles am Schnürchen. Kein Vorrecht Einer vor dem Andern; Jeder gleich viel.

Wer Abends zu viel Stroh auf der Streu unter sich hatte, mußte aufstehen, es wurde vertheilt; wer zu viel Leinewand von dem — soi-disant — Betttuch widerrechtlich sich zugeeignet hatte, dem wurde sie unter dem Leibe fortgezogen. Ja sogar das unverschuldete Schnarchen duldete er nicht, wer es that, wurde unbarmherzigst geweckt.

Dagegen aber jeden Morgen, und das war hier nichts Kleines, eine Schale Caffee, und was für Caffee, wahrer Mocca.

Die Diener durften des Morgens nebenan beim Stiefel= putzen nicht zu laut werden, geschweige denn sich zanken, wie es ja die Stellung dieser Hausdiplomaten ihrer Herren und Ge= bieter nicht selten mit sich bringt; noch weniger aber durften sie unnütz in der Stube umherlungern. Jedem das Seine! —

Unsere Beleuchtung war nicht glänzend, aber den Verhältnissen entsprechend, und anerkennend muß ich auch hier die Fürsorge des Hausherrn hervorheben, denn er kaufte alle Kreuzerlichte des Orts zusammen, deren er habhaft werden konnte — wir saßen nie im Dunkeln. Eine alte Stalllaterne, einem nicht gekehrten Rauchfange ähnlich, vertrat den Leuchter, und wäre sie nicht in dem Nachlaß des einstigen Besitzers der Hütte vorgefunden worden, eine Flasche hätte es auch gethan.

Wir rauchten den ganzen lieben Tag. Aber des Abends auf der Streu liegen und dabei, gemüthlich plaudernd, seine Wolke vor sich hinblasen, das, lieber Leser, der Du noch nicht auf einer Streu und im Felde gelegen hast, wirst Du selbst begreiflich finden, ist nach des Tages Last und Hitze, oder wie die Jahreszeit es mit sich bringt, auch Kälte, ein Hochgenuß.

Aber Alles im Leben hat seine Grenzen, und das Schicksal alles Schönen ist, daß es ein Ende hat. „Meine Herren, ich mache das Licht aus, legen Sie die Cigarren weg.“ „Ach, lieber Herr Hauptmann, nur noch ein Paar Züge, ich habe eben eine neue angesteckt,“ fleht der Inhaber einer 6 Zoll langen Virginierin, und hätte das von viertel zu viertel Stunde ein Jeder gethan, wir hätten bis zum andern Morgen das Licht brennen lassen müssen. „Gut, ein Paar Züge. Noch fünf Minuten und dann Feierabend; aber dann wird nicht mehr geraucht.“

Und es half wirklich kein Flehen. Die Cigarren mußten nach fünf Minuten, die Uhr wies die Zeit nach, zu eigenen Händen des gestrengen Hausherrn abgeliefert werden. Strenge Revision; Contrebande wurde nicht geduldet.

Ich hatte so manches von Haus mitgenommen, was mir, war Noth am Mann, unbezahlbare Hülfe sein sollte. Aber wie kleinlich und unpraktisch kalkulirt, entweder viel zu luxuriös und dabei zu wenig, oder gar nicht zu verwerthen.

Des Leibes Nothdurft und Nahrung, die konnte ich ja hier im Felde, und das war ich im vollsten Sinne des Worts, nur befriedigt erhalten, wenn man mich Theil nehmen ließ an den Schätzen, die die Proviant-Colonnen auf unergründlichen Wegen bisher in nicht zu verschwenderischer Fülle herbeizuschaffen vermocht hatten. Ich war ein für alle Mal zum Diner geladen.

Lottorf ist von Nord und Nordwest von Hügeln einge=
schlossen, die eine vortreffliche Uebersicht über das ganze vor=
liegende Terrain gestatten. Rechts Schleswig, am weitesten der
Dom, davor die Habbebyerkirche, dann weiter links Bustorf,
genau bezeichnet durch den Friedrichsberger Thurm, Königshohe,
Ober= und Nieder=Selk, Wedelspang, Klosterkrug, Groß= und
Klein=Dannewerk und die in der Nähe befindlichen einzelnen
Schanzen, Alles und mit Hülfe eines Glases genau sichtbar.
Diesseitige und feindliche Posten, Patrouillen hin und her,
stetes Erscheinen der Besatzung auf den Schanzen, das war das
Bild, was sich unsern staunenden und erwartungsvollen Blicken
darbot.

Das Regiment wandte sich am Ausgang des Dorfes links
ab, einen Colonnenweg, ob er schon von den jetzigen Inhabern
Lottorf's ausgesteckt, ob er älteren Ursprungs war, ich weiß es
nicht, verfolgend.

Man ging über das bereits erwähnte Torfmoor, wie am
3. d.; man kam an die Eisenbahn. Die Colonne verdeckt auf=
stellend, ließ der Regiments=Commandeur die Bahn von der
Mannschaft rottenweise überschreiten, eine Vorsicht, geboten durch
die drohende Nähe der Schanze. Aber die Dänen störten weder
die einzelnen Rotten, noch die Colonne in ihrem Marsche, von
der Schanze wurde nicht geschossen. Das wunderte mich. Man
war also heute von der alten dänischen Praxis, möglichst jeden
einsamen Wandersmann, jeden einzelnen Reiter mit Granaten
zu tractiren, abgewichen. Bei Jagel sah ich später sogar in
noch größerer Nähe mindestens 10 oder 12 Officiere vor dem
Dorfe stehen, dabei meine Unglücksgefährten von der Nachttour
zwischen Breckendorf und Lottorf, die mit ihren Feldgläsern un=
gestört das vorliegende Terrain besichtigten und ihre Beobach=
tungen über das Leben auf den nächsten Schanzen machten.
Aber auch dieses würdigere Ziel mißachteten die Kanoniere von
Jenseits.

Ein anderer Gast bei den Vorposten hielt sich in gemesse=
nerer Entfernung und suchte seine Localkenntnisse durch die
Entzifferung der hier im deutschen Schleswig noch in Amt
und Würde befindlichen, dänischen Ortsbezeichnungen, wie:

store und lille danevirke, enthaltenden Wegweiser zu be-
reichern. Seine Vorsicht war unnütz, denn schienen die Herren
vor dem Dorf es auch nicht abwarten zu können, todtgeschossen
zu werden, ihr Sehnen nach einer Granate, die diesen Liebesdienst etwa verrichten sollte, wurde nicht erfüllt; die Batterien
blieben stumm.

Sollten die Schanzen nicht genügend oder gar nicht besetzt
sein, sollte man alles Geschütz nach Missunde geschafft haben?
Der Gedanke schoß mir wohl einmal blitzesschnell in der er-
regten Phantasie auf, aber im nächsten Momente war er verschwunden, im nächsten ungedacht.

Nein, es war ja auch unmöglich, das konnte nicht sein,
ließ sich ja doch ununterbrochen die Besatzung auf denselben
sehen, fortwährend Stimmen von dort vernehmen. Jeder Klang
der Musik von diesseits wurde mit dem Absingen des „tappern
Landsoldaten" beantwortet, durch weit hin hörbare Hurrahs
verstärkt. Das ging von Schanze zu Schanze so, das war ja
offenbar Hohn, Siegesgewißheit.

Einmal erging die Meldung vom Doppelposten No. so und
so: „Der Feind greift an." Vom Standpunkt des Doppelpostens
war die Meldung richtig. Ein halber Zug, vielleicht sogar eine
halbe Compagnie debouchirte aus einer Schanze.

Es werden einige Tirailleurs entgegengeschickt, eine in der
Nähe befindliche Patrouille schließt sich an, einige Schüsse fallen,
man zieht sich in die Schanze zurück.

Im Centrum dagegen, bei Bustorf-Schleswig, steter Kanonendonner.

Die Vorposten waren abgelös't, die Truppen der Brigade
Thomas, ein Bataillon Namming, ziehen sich rechts zu ihrer
Brigade. Der Commandeur hätte zwar, wie er sagt, in der
heutigen Nacht gern einen Angriff unternommen, das Wetter,
fortwährendes Schneegestöber, war zu günstig, und sein Bataillon hätte es mit Freuden gethan, aber die Verantwortung
war zu groß, denn wurde er geschlagen, er hatte keinen Ersatz
in der Vorpostenlinie, sie wäre durchbrochen gewesen. Hätte
er's gethan! Hätte ein menschliches Wesen vermocht, nur die
Ahnung von dem auszusprechen, was hinter den Dannewerken

drängte und sprach die Besorgniß aus, den Weg zu verfehlen. Ich verabschiedete mich daher bei meinen Freunden und versprach, sobald es vorgehe, zur Stelle zu sein.

Der Weg war noch genau zu erkennen. Meinem Begleiter waren seine Scrupeln jedoch nicht auszureden.

„Sie sollen sehen, wir verlaufen uns," hub er an.

Ich war meiner Sache zu gewiß und antwortete:

„Erst bis an die Eisenbahn, das geht gerade aus, dann ein wenig links, wo der Torf steht, dann wieder rechts und wir sind auf der großen Straße nach Lottorf, wir können uns hier gar nicht verlaufen."

Wir kommen auch in der Nähe der Eisenbahn an.

„Hören Sie," sagt plötzlich mein Begleiter, „das Pfeifen und Summen? Das ist eine Mine, die hier gelegt ist und gleich springen wird!"

„Mine? Na, wenn es weiter Nichts ist," erwiederte ich lachend, „dann ist es gut; das sind die Telegraphendrähte, in denen der Wind saust; wissen Sie, wie bei der Aeolsharfe."

Mein Begleiter schwieg, trotz der Aeolsharfe, und schien sich einer Vorahnung von Schrecklichem nicht erwehren zu können.

„Hier müssen die Stangen mit den Strohwischen stehen, den Colonnenweg bezeichnend," begann ich wieder.

Aber wir sahen Nichts, der Schnee hatte angefangen zu treiben, die Aussicht war noch mehr beeinträchtigt, als die Dunkelheit allein es gethan haben würde.

„Wir müssen jetzt links gehen," gab ich an.

Wir gingen links. „Da muß gleich der Durchstich kommen durch den Knick, den wir heute Nachmittag passirten."

Wir finden ihn nicht.

„Das ist auch falsch, wir hätten rechts gehen müssen," behauptet mein Gefährte.

„Gut, dann rechts," bescheide ich mich, „aber lassen Sie uns doch über den Knick steigen, damit wir den Weg nicht doppelt machen."

Wir klettern hinüber, kein Durchstich. Wir klettern über einen zweiten; ich war noch immer guten Muths, aber die Knicks nehmen gar kein Ende.

Mein Leidensgefährte macht mir bittere Vorwürfe, ich ge= stehe nunmehr zu, daß ich den Weg nicht mehr wisse, daß wir uns in optima forma verlaufen haben.

Recht angenehm, heitere Gegend! „Mehr Gegend, als Pano= rama," würde jener Berliner gesagt haben. — Wir gehen vorwärts; Lottorf muß links liegen; also links. — „Was ist das? Ein Gewehr!" ruft mein Begleiter, seine eigene Frage beantwortend.

Schöne Geschichte; wo ein Gewehr ist, muß auch ein Posten sein, präsumiren wir.

„Ein dänisches?" aus Beider Munde.

Wir untersuchen, aber wir können Nichts mehr sehen, und im Dunkeln die bezeichnenden Merkmale zu unterscheiden, ging uns Beiden die tiefere Kenntniß der Waffenlehre ab.

„Nehmen wir's mit oder nicht?"

„Natürlich, wenigstens ist uns der Mann, dem es gehört, zu Dank verpflichtet. Wir liefern es aus und er läßt uns ziehen."

„Alles andere, nur nicht gefangen werden," erwidert mein Begleiter.

„Erlauben Sie, ich danke auch für's Todtschießen," ant= worte ich.

Wir sahen im Geiste uns schon als Leichen, oder noch schlimmer, als Geißeln für Blauenfeldt nach Kopenhagen ge= schleppt, um vor ein Kriegsgericht gestellt, füsilirt, als Zugabe vorher vom schönen Geschlecht Kopenhagens, wie einst 1848 die Kieler Studenten, als „deutsche Hunde" angespieen, vom nie= drigsten Pöbel aber gemißhandelt, mit Füßen getreten zu wer= den. Ich fing bei dieser Vorstellung selbst an, mich etwas un= behaglich zu fühlen. —

Wären wir doch lieber in Jagel geblieben; die unglückliche Bequemlichkeit! —

Man muß in der Noth Alles versuchen. Ich klettere auf den nächsten Knick, eigentlich einen Steinwall, um besser sehen zu können. Lächerlich! es war bereits ganz finster geworden. Greift aber der Ertrinkende nicht auch nach dem Strohhalm, meinend, er werde ihn retten. —

„Sehen Sie Etwas?" mein Begleiter.

3

„Excellenzer?" sagte Einer gedehnt, das Wort betonend, und mit der Hand die Richtung andeutend, zeigte er die Straße entlang, auf der wir standen.

Wir waren, um frische Luft zu genießen, über zwei Stunden rund um Lottorf herumgelaufen. Ich hatte diese Irrfahrt durch meine Zuversichtlichkeit verschuldet, aber mein Begleiter, gut= müthig genug, zürnte mir nicht, und froh, nicht in dänische Ge= fangenschaft gerathen oder todtgeschossen zu sein, fand er dieses Abenteuer nunmehr, und ich schließe mich der Meinung an, komisch genug, um sich dadurch nicht den Humor verderben zu lassen. Es sind derartige Irrfahrten übrigens öfter vorgekom= men, ob immer so gut ablaufend, sei dahingestellt.

Sehr ernst hätte eine solche für eine höchste Person werden können, die lediglich wohl durch die Aehnlichkeit der betreffenden Cavallerie=Uniform der Gefangennahme durch eine dänische Pa= trouille entging. —

Eine sehr komische Anecdote wird erzählt, und von nicht unglaubwürdiger Seite verbürgt.

Ein Cavallerie = Unterofficier hat einen Ordonanzritt gehabt und verreitet sich. Endlich bei einem Hause anlan= gend, will er den Weg erfragen, vielleicht auch seine Flasche und seinen Schnappsack füllen. Er klopft also an das Fenster und eine Gestalt, die an demselben erscheint und ihm zuruft: „Hier ist nichts!" wird von ihm als dänischer Soldat erkannt. Dieser, ihn als Feind erkennend, kommt mit mehreren Soldaten her= aus, sie vermögen ihm jedoch, der sofort dem Pferde die Sporen giebt und davon sprengt, nichts mehr anzuhaben.

Der Unterofficier war in Klosterkrug gewesen. Als er in der Nähe der Schanze vorbeireitet, sieht er einen einzelnen Mann des Weges kommen und ihn für eine Civilperson haltend, will er ihn nach dem Wege fragen. Er erkennt jedoch in ihm einen dänischen Officiersdiener, mit einem Regenrock bekleidet und einem Korbe in der Hand, im Begriff, dem Herrn Lieutenant, Dank sei es der sorgenden, daheim bangenden Gattin, einen er= wärmenden Nachttrunk zu bringen. Er hält ihn an, nimmt ihn mit, entkleidet ihn seines Regenrocks und überhebt ihn weiterer Sorge für den Korb. Ihn selbst läßt er in großmüthiger

Regung seines Herzens laufen, die Trophäen mit Stolz zur endlich gefundenen Feldwache bringend. —

Unsere Muskete, die sich schließlich als ein österreichisches Gewehr herausstellte und von dem Gefecht bei „Königshöhe" herstammen mochte, lieferten wir selbstverständlich im Hauptquartier ab, und der uns gewordene Dank war wenigstens ein Ersatz für die gehabte Angst. —

Im Dorfe war noch viel Leben. An Stelle des auf Vorposten befindlichen Regiments „König von Preußen" hatte das Regiment „Martini" dessen offen gewordene Quartiere bezogen, eine Andeutung mehr, daß die vorgerückten Truppen nicht wieder zurückkehren würden.

Auch unter dessen Officier-Corps hatte ich mehrere ebenso geschätzte, als gute Freunde, und diese aufzusuchen, begab ich mich sofort auf den Weg.

Ich hätte zwar gern meine durch das Waten im Schnee durch und durch naß gewordenen Strümpfe gewechselt, wie es ein gut gezogener Ehemann stets von selbst zu thun pflegt, doch Joseph, der Garderobenmeister und Silberdiener meines gestrengen Hausherrn, der auch seine nicht zu verschmähende Sorgfalt auf meine Person auszudehnen angewiesen war, gab mir den sicherlich guten Rath, erst den Proceß des Trocknens der Stiefeln auf meinen Füßen abzuwarten, denn sonst würde ich sie, einmal von den Füßen, kaum wieder anzuziehen vermögen.

Diese Aussicht war mir, in Erwägung dessen, daß ich nur ein Paar Stiefeln besaß, doch eine zu gewichtige, und ich mußte mich, gute Miene zum bösen Spiel machend, und als Strafe für die selbstverschuldete Irrfahrt, in das Unvermeidliche finden.

Die Freude des Wiedersehens der Neuangekommenen war eben so groß, als heute Morgen die der in Jagel so eben auf Vorposten verlassenen Freunde, eben so schmerzlich die Trauer um so viele brave und tapfere Cameraden.

Die Quartiere wurden der Reihe nach abpatrouillirt, um Jedem das herzliche „Grüß' Dich Gott" und eine Hand bieten zu können.

In einem der größten Quartiere — ich glaube, es war dasselbe, in dem ich heute Mittag mein stolzes Mahl eingenom-

im Kriege nicht anders. Wenn man gemüthlich mit seinen
Lieben zusammen ist, bleibt man gern immer länger und länger.
Wer weiß, wer morgen schon fehlt.

„Meine Herren! Es ist Zeit, lassen Sie uns auf's Stroh
gehen," mahnte unser gestrenger Hausherr zum Aufbruch. „Ihr
seid auch müde und wir müssen Alle zeitig heraus."

„Was Neues?" fragte Alles.

„Nichts," erwiederte der Gefragte. Aber dennoch munkelte
man, daß der Uebergang über die Schlei in der Nacht erfolgen
und morgen ein heißer Tag sein werde. Wir wünschten es Alle.
Wir hätten gern die Nacht hingegeben, gleich „Vergatterung"
blasen gehört.

„Vorwärts, meine Herren, ich werde Ihnen leuchten," und
unter dem Radmantel zog er ein Papier hervor und entwickelte aus
demselben zwei der Lichte, von denen 20 auf's Pfund gehen.

Milly = Kerzen, wie die Dänen in den Dannewerksschanzen
hatten, gab's hier nicht.

Aber auch unsere Kerze that ihre Pflicht; hätten wir sie nicht
gehabt, wir hätten die Tenne nicht passiren können, ohne Hals
und Beine zu brechen; wir hätten besser gethan, zum Fenster
hinaus auf die Straße zu gelangen.

Der Gestrenge voran, in jeder Hand ein Licht, ging es
vorwärts.

Halb voller Pferde, die sich im hintern Raume befanden,
halb voll Menschen gepfropft, die im andern Theile lagen,
mußten wir, in steter Gefahr, selbst der Länge nach hinzuschla=
gen und die unschuldigen Opfer unsers langen Beisammenblei=
bens mit unvermeidlichen Fußtritten regalirend, den Ausgang
erkämpfen. —

Nachmittags war Kriegsrath beim Oberbefehlshaber gewesen.
Prinz Friedrich Carl hatte die Aufgabe, während der Nacht
den Uebergang über die Schlei bei Arnis vermittelst Pontons
vorzubereiten, und sobald dieses geschehen war, durch eine fort=
laufende Linie von Relais — Cavallerie-Unterofficiere — die
Meldung des Geschehenen an das Hauptquartier nach Damen=
dorf zu machen, selbst aber sofort denselben zu beginnen. Wäh=
rend dem sollte der langsam eingeleitete Angriff der Oesterreicher

im Centrum und der Versuch der Garde-Division, bei Holling-
stadt durchzubrechen, beginnen, Alles in demonstrativer Form,
um die Aufmerksamkeit der Dänen von der rechten Flanke der
Alliirten abzuleiten und dem Prinzen die Möglichkeit zu gewähren, aufs Schnellste die Schleswig-Flensburger Chaussee zu
gewinnen, um, diese dominirend, den Rückzug der Dänen in
Frage zu stellen. War die Chaussee erreicht, energischer Angriff
in der Front und dem Rücken, und wenn auch mit großen Ver-
lusten erkauft, — die völlige Vernichtung, event. Gefangennahme
der dänischen Armee mußte das Resultat des wohldurchdachten
Planes sein.

Die Legung des Pontons war nicht so schnell zu bewirken,
als dies wohl wünschenswerth erschien. Man hatte mit den
unsäglichsten Schwierigkeiten aller Art zu kämpfen. Treibeis in
der Schlei, anhaltendes Schneegestöber und eisig kalter Wind,
unfahrbare Feldwege und spiegelglatte Chaussee, auf der kaum
Menschen, geschweige denn Pferde fest auftreten konnten, machten
die dringend erforderliche und erstrebte Schnelligkeit unmöglich.
Trotz unermüdlicher Arbeit der Pioniere, trotz persönlicher
Gegenwart und steten Ermunterns des Prinzen, ließ sich das
Unmögliche nicht möglich machen.

In Damendorf wartete man sehnlichst, aber vergebens.

Während der Zeit entwickelte sich im Centrum vor Schleswig, wo das österreichische Regiment „Coronini" auf Vorposten
lag, ein anderes Drama. Bis gegen 11 Uhr Nachts hatten die
Batterien bei Bustorf, auf dem Mövenberg und die vis-à-vis
Haddebye anhaltend geschossen, dann stellten sie ihr Feuer ein.

Um durch die Wachtfeuer keine sicheren Zielpunkte zu gewähren, hatte bereits seit dem 3. kein Feuer gemacht werden
dürfen. Stroh war fast in ganz Südschleswig nicht mehr zu
haben, und so mußten die frierenden und ermüdeten Soldaten
Nächte hindurch unter freiem Himmel liegen, ohne sich auch nur
die geringste Erwärmung verschaffen zu können, Strapazen erdulden, die, hätte ich es nicht aus eigener Anschauung wahr-
genommen, mir gerade zu unerträglich erscheinen würden. Wörtlich
zu nehmen, Schnee und Eis als Lager, Brod und Schnaps als
Speise, kaum einmal des Tags eine wärmende Suppe und

inbeß den Parlamentair an der Stelle, wo er ihn verlassen, nicht auf; er glaubt ihn verfehlt zu haben und läßt blasen. Keine Erwiderung. Er geht weiter vor und läßt wiederholt blasen. Alles still. Da kommen Bürger Schleswigs entgegen und bringen die Kunde: „Die Dänen haben Schleswig und die Dannewerke geräumt; seit gestern Nachmittag hat der Rückzug begonnen."

Der Parlamentair war verschwunden.

Unglaublich! Alles ist Kriegslist! Man will uns in die Falle locken, so sagte sich ein Jeder.

Der Parlamentair blieb freilich weg, aber die Bürger, die gekommen, waren keine Verräther.

Tausende und aber Tausende mit ihnen wären gern schon Stunden vorher, die nachgesandten Kugeln und die furchtbarsten Drohungen, die man gegen Schleswig ausstieß, falls der Rückzug nicht gelänge, verachtend, mit der Botschaft gekommen, aber die ganze Linie, jeder Ausgang war bewacht, daß keine Maus hindurch konnte. Schleswig wird in Brand gesteckt, alle Deutschen ermordet, das mag freilich auch manch' zaghaftes Herz zurückgeschreckt haben, aber gekommen wären ihrer genug, sollten sie doch vom deutschen Lager aus die lang und heiß ersehnte Freiheit erhalten. Einige Bürger, die zu früh sich auf den Weg gemacht hatten, die Freunde einzuholen, wurden von den Nachzüglern der Dänen gefangen und fortgeschleppt — so berichtet ein gefangener Däne selbst.

Mit aller Vorsicht ging, nachdem die Boten Schleswigs zurück ins Hauptquartier nach Lottorf geschickt waren, wohin die Nachricht um 4 Uhr Morgens gelangte, der Oberst Fellner von Feldegg mit seinem Regiment (Coronini) den Haddebyer Damm entlang, gegen Schleswig vor und zog in Schleswig ungehindert ein. Es war wirklich leer.

Um 7 Uhr brachte das Regiment Coronini dem geliebten Kaiser und dem Allerhöchsten Kriegsherrn vor Gottorf ein dreimaliges donnerndes Hoch, begleitet von dem „Gott erhalte Franz den Kaiser", dem ersten Freiheitsgruß für Schleswig. —

III.

Wir wälzten uns gerade — die Streu hatte durch Abgang zweier Schlafcameraden eine nicht zu verachtende Terrain-Ausdehnung gewonnen — in Lottorf auf unserem Lager herum, gewappnet und bereit, jeden Augenblick gen Dannewerk zu ziehen; ich eingedenk meines Versprechens, nach Jagel zu kommen, wenn es losgehe. Da öffnet sich plötzlich die Thür und ein Officier ruft in unser Schlafgemach:

„Meine Herren, wir haben Schleswig!"

Wie vom Blitz getroffen, denn wir hätten ebensogut ein zweites Hochkirch erwartet, springen wir auf und denken, die Augen reibend, wir haben es verschlafen; Vergatterung, Sammeln und Alles, was dem Abrücken vorhergeht, verpaßt und man will uns ob unseres himmlischen Schlafs foppen.

Aber der Hausherr nimmt die Sache ernst und sagt: „Wir haben ja aber keinen Schuß gehört!"

Doch die lakonische Antwort: „Ist auch nicht nöthig! Die Dänen haben die Dannewerke geräumt!" ermuntert uns vollends. Fort, wirklich fort; — Schleswig unser. War denn das möglich?

Ich hatte mich auf acht Tage gefaßt gemacht, das heißi, wenn es gut ging, und nun mit einem Male Schleswig offen! Wir konnten uns gar nicht fassen. „Das Hauptquartier bricht in zwei Stunden auf," war die Ordre. —

Ich hatte wenig zu packen, und konnte es kaum abwarten, vorwärts zu kommen. Alle alten Erinnerungen, alle die froh verlebten Tage in Schleswig kamen vor meine Seele, ich bekam ein förmliches Heimweh nach der lieben Stadt. —

„Ziehen Sie es vor, zu fahren oder zu reiten?" fragte mich mein liebenswürdiger Hausherr, unter dessen Befehl die betreffenden Communicationsmittel des Hauptquartiers standen.

„Wenn ich ehrlich sein soll," erwiderte ich, „fahre ich lieber."

Es fing nämlich an zu schneien und der Wind blies immer noch sehr empfindlich aus Osten.

„Dann fahren Sie mit dem Officier, der so eben aus Schleswig uns Meldung gebracht hat und gleich zurückkehrt," war mein Bescheid.

Die inhaltsschweren Zeichen glitten mit zauberhafter Schnelle unter der Hand des Kundigen dahin. Ein kurzes, kaum einige Minuten währendes Tick! Tack! Tick! Tack! und eine Botschaft war gegeben, die ganz Europa staunen machen sollte: „Die Dannewerke ohne Schwertstreich geräumt, die Verbündeten in Schleswig."

Während der Beamte noch arbeitete — der Officier mußte nämlich von der geschehenen Beförderung der überbrachten Depeschen sich persönlich überzeugt haben — feierten wir in der Hütte ein Fest seltener Art. Durch die Ereignisse, die vor einigen Stunden so plötzlich und unerwartet hereingebrochen waren und wohl auf Jeden von uns einen tiefen Eindruck gemacht hatten, durch die Wichtigkeit des Augenblicks, indem dieses Weltereigniß den beiden mächtigen Fürsten und Kriegsherren mitgetheilt wurde, waren wir in eine ernste, nachdenkende Stimmung versetzt, so daß gewissermaßen aus Ehrfurcht davor, daß zu den hohen Empfängern der Botschaft eben gesprochen wurde, jeder von uns schwieg. Es herrschte einige Minuten eine lautlose Stille.

Da reicht mir der alte Bahnwärter, nachdem ein Flüstern mit der Ehehälfte, die durch mehrmaliges Kopfschütteln anzudeuten schien, daß sie über irgend Etwas des Alten Meinung nicht zu theilen schien, mit sichtlicher Scheu — die Dänen waren ja nach 14jähriger dauernder Bekanntschaft erst seit einigen Tagen fort — ein Bild. Er sah mich dabei an, als wollte er sagen: „Sie werden mich schon verstehen, Herr."

Es war die ziemlich grob ausgeführte und sodann kolorirte Zeichnung eines ehemaligen schleswig-holsteinischen Jägers, auf der Brust das eiserne Kreuz am dreifarbigen Bande. Die Schulterklappe trug die Nr. 1.

„Das ist mein Sohn, ein guter Junge," sprach der Alte mit zitternder Stimme, und als ich das Bild mit freundlichem Blick betrachtete, fuhr er, sich fassend und mit erhobener Stimme, fort: „Der hat Anno 1848 schon unter Bonin gedient und die ganze Zeit mit durchgemacht. Ich habe das Bild nach der Schlacht bei Idstedt von der Wand nehmen müssen und es hat nun seit beinahe 14 Jahren unten im Kasten versteckt gelegen. Hätte es der Däne gesehen, ich wäre aus Brot und Lohn gejagt worden, und doch," setzte er seufzend hinzu, „wenn der Dienst auch beschwerlich ist, ich danke Gott, daß ich die Stelle habe." „Seit November=Monat ist er verheirathet und hat eine nette Frau," commentirte die Alte und sich in Zug setzend, uns die Familien=Verhältnisse mit scrupulösester weiblicher Umständlich= keit auseinanderzusetzen, hätte sie uns den für einen Genealogen vielleicht wissenswerthen Stammbaum der Familie Hansen er= klärt, wenn ich nicht, dieses entsetzliche Beginnen ahnend und von dem angeregten Stolz der Mutter Schreckliches für unsere Geduld voraussehend, ihr das Wort abgeschnitten und gefragt hätte: „Haben Sie einen Hammer und Nagel?" Beides mir so= fort gereicht, fuhr ich fort: „Wo hat des Jungen Bild gehangen?"

„Dort zwischen mir und der Mutter," erwiederte der Alte.

Ich schlug den Nagel in die Wand und hing das Bild wieder auf, der brave Junge war wieder zu Ehren gebracht. Der Alte drückte mir die Hand so herzlich, wie wohl je ein Händedruck gegeben worden ist; die Alte wischte sich die Augen mit der Schürze. Mir selbst war warm um das Herz und so unbedeutend die That, so wohlthuend das Gefühl, dem alten braven Elternpaar so hohe Freude bereitet zu haben.

„Geh', hol' die Flasche, Mutter," begann der Alte.

Eine halb ausgetrunkene und wieder versiegelte, mit Staub und Schimmel bedeckte Flasche war's, die die Frau zur Stelle brachte.

Daß die Flasche ihre Bedeutung habe, sprang in die Augen. Der Alte entkorkte sie und eingießend erklärte er: „Als der Junge zur Welt kam, hatte ich ein schönes Wesen und stand mich gut. Hier meine Frau hatte mir es eingebracht. Der erste Krieg hat mich ruinirt, ich habe Alles verloren. Jetzt auf meine alten Tage bin ich froh, hier zu sitzen und mein kärgliches Brot zu haben. Früher trank ich alle Tage mein Glas Wein. Aus dieser Flasche trank auf der Taufe unseres Erstgeborenen zuerst der Herr Pastor, die Dänen haben ihn auch fortgejagt, die Ge= vattern und wir. Ich hab' sie damals versiegelt und auf der ersten Taufe eines Enkels sollte die andere Hälfte ausgetrunken werden. Jetzt aber trinken wir sie aus. Sie haben den Jun= gen wieder zu Ehren gebracht, Sie sollen leben."

Der Officier und ich, wir wollten den Mann davon ab=

manbirenben Officiers: „rechts zu halten," diese und gewannen den Vorsprung. Von den Seiten zogen sich mit Schneckenlang-samkeit, dieselben Hindernisse, die uns die Feldwege bereitet hatten, bekämpfend, lange Züge von Wagen heran, die von Süden kommend das Ereigniß des Tages noch nicht kannten und erst beim Er-reichen der Hauptstraße durch aufgestellte Ordonnanzen ihr neues Ziel angewiesen erhielten. Je mehr wir vorwärts kamen, desto deutlicher prägte sich der Typus des Kriegsschauplatzes aus. Die abziehenden Truppen hatten das wenige Stroh, was etwa zu einem Lager für ihre Officiere oder für einen Kranken, der durchaus nicht zurück ins Lazareth wollte, zu erwerben war, an-gezündet, denn Wachtfeuer hatte es ja hier nicht gegeben. Der Qualm solcher glimmenden Haufen, die inne gehabte Stellung der Vorposten bezeichnend, schien gegen den fallenden Schnee ankämpfen zu wollen und mit dem Winde ringend, drückte er sich bald nieder, das Feuer war anscheinend erstickt, bald wie-der wirbelte er empor und die hell hervorlobernde Flamme schien andeuten zu wollen, daß es noch nicht an der Zeit sei, die Wachtfeuer vor dem Dannewerk verlöschen zu sehen. Jen-seits der diesseitigen Vorposten änderte sich die Scene bei Wei-tem und der Schauplatz des Gefechtes vom 3. war unverkenn-bar. Deutete uns auch die Nähe der „Königshöhe" die Gegend an, so gab es doch andere noch deutlichere Merkmale. Aus-rüstungsgegenstände aller Art, weggeworfene Tornister und Kopfbedeckungen, Waffen und Kämpfer des Tages selbst, die noch keine Ruhestätte gefunden hatten, waren die stummen und doch so beredten Zeugen des stattgehabten Kampfes.

Sieh dort! da liegt ein Todter! das Herz zog sich mir zu-sammen, es war der erste, den ich hier gesehen. Der Gedanke, daß er drei Tage dort gelegen, machte mich schaudern. Ein österreichischer Jäger in noch voller Ausrüstung. In der einen Hand die Büchse, von der er sich, ein ächter Steiermärker, auch im Tode nicht hatte trennen können; die andere von sich ge-streckt, als habe er sie noch einmal vor seinem Tode allen Lie-ben, Vater und Mutter in der fernen Heimath, den Kameraden, die mit ihm hierher zum Kampfe gezogen waren, reichen, Allen das letzte Lebewohl sagen wollen. Er ist ganz unversehrt, er muß einen schnell tödtenden Schuß bekommen haben, sein ruhiges, verklärtes Gesicht macht keinen abschreckenden Eindruck. Etwas mehr hinauf liegen mehrere. Der Schnee hat schon angefangen sie zu bedecken. Die Nationalität ist nicht zu erkennen. Dicht an der Straße liegt ein Däne. Er liegt mit dem Gesicht nach dem Boden gekehrt, das Gewehr ein Stück von ihm ab. Es macht den Eindruck, als habe er es weggeschleudert, und — vielleicht war es ein Deutscher — Schleswiger oder Holsteiner — noch beim Uebertritt in die Ewigkeit einen Fluch ausgestoßen gegen die, die so viel unschuldig vergossenes Blut zu verantworten haben, die kein Mittel unversucht ließen, die Kinder den Eltern zu entfremden, die sich nicht scheuten, die Deutschen gegen Deutsche zu führen, die entsetzliches Unglück, unermeßliches Leid über so viele Familien gebracht.

„Dort liegt ein Oesterreicher, der hat etwas in der Hand?" sagt der Kutscher fragend. Wir steigen ab und sehen. Es ist ein kleines Buch, was er da hält — ein Gebetbuch. Einen Schuß im Bein, hat er wahrscheinlich vergeblich auf Hülfe gehofft und in der Todesangst sich vorbereitend auf den letzten Gang, noch einmal inbrünstig gebetet. Die Hände gefaltet, liegt er an einen Knick gelehnt, als ob er schliefe. Er scheint während der Nacht erfroren zu sein. Von uns sprach Niemand ein Wort. Mögen sie ruhen in Frieden, Freund und Feind, Streit und Hader giebt's für sie nicht mehr!

Wir bestiegen wieder unsern Wagen und fuhren weiter. Unser Kutscher war ein echt holsteinisches Kind und hatte, selbst mit der Umgegend Schleswigs nicht so genau bekannt, als Wegweiser einen Jungen von 11 bis 12 Jahren bei sich, dessen geographische Kenntnisse bei Ermittelung des nächsten Weges nach Owschlag sich sehr nützlich erwiesen hatten.

Beide machten ihrem unverholenen Haß gegen Alles, was Däne heißt und dänisch ist, weiblich Luft. Ein dargebotener Schluck aus der Feldflasche, den der Kleine ganz herzhaft nahm und eine Cigarre, die er auch schon kunstgerecht zu behandeln verstand, mochten ihr Vertrauen zu uns um so mehr gestärkt haben. Wenigstens glaube ich dies daraus schließen zu können, daß Beide nach diesen Gaben mit einemmale aufthauten und ganz ruhig beim Wegmarsch gewesen und haben gar nicht den „tappern Landsoldaten" gesungen, den sie sonst alle Tage singen mußten. Aber einen alten Officier von der Artillerie habe ich weinen sehen, der sagte, er wollte lieber erschossen sein, als daß erleben, daß er zurück müßte."

„Nun sind sie Alle fort, nun ist Schleswig-Holstein wieder frei, der Preuße und der Oesterreicher hat uns doch geholfen und der Däne kommt nicht wieder."

„Der Oberpräsident und der Polizeimeister sind mit fort und die Andern müssen Alle nach, die jagen wir heute noch weg."

Der kleine Bramarbas hatte sich ordentlich in Harnisch ge= bracht und nur die unmittelbare Nähe der Bustorfer Schanze vermochte seinem Redefluß Einhalt zu thun, da wir, im höchsten Grade gespannt, möglichst bald einen Theil der be= rühmten Dannewerke in der Nähe sehen wollten und er den strengsten Befehl hatte, uns aufmerksam zu machen. Da hatten wir es vor uns, das ungeheure Werk, gestern noch so stark und mächtig, heute ein todter Riese. Die, um die vor uns liegende Schanze angebrachten, sogenannten spanischen Reiter riefen aber= mals die Entrüstung unsers kleinen Berichterstatters hervor und ich glaube auch, daß es selbst für den abgehärtesten Soldaten kein erhebendes Gefühl sein kann, durch dieses Mittel vom Leben zum Tode befördert zu werden. Die aus der Schanze glotzenden Feuerschlünde hatten ein förmlich gutmüthiges Gesicht dagegen.

Daß Dänemark die Anfertigung dieser scheußlichen Werk= zeuge, denn den Namen von Waffen kann man ihnen wohl nicht beilegen, erst vor Kurzem hatte vornehmen lassen, davon zeugte ihre Neuheit und der Umstand, daß die noch unbezahlte Rech= nung später dem Oberbefehlshaber, als nunmehrigem Inhaber der Dannewerke, von dem naiven Anfertiger überreicht wurde. Wenn diesem die Anerkennung über die Dauerhaftigkeit der Arbeit genügt, so ist ihm sein Lohn geworden, eine Beglück= wünschung im Fall die dänische Regierung noch die Zahlung belieben sollte, sogar vorbehalten.

Irgend eine Specialität sollen die Dänen ja immer bei ihrer Kriegführung anzuwenden gewußt haben. Im ersten Kriege waren es, so sagt man, Kugeln mit eingehakter (widerhakenförmiger)

Spitze, die die Wunden nicht bohrten, sondern anriffen, jetzt brachte man, da die verschanzte Stellung die Haupterfindungs gabe in Anspruch nahm, die spanischen Reiter in Anwendung. Eine Barricade, die wir vor Bustorf zu paſſiren hatten, war augenscheinlich erst vor ganz kurzer Zeit und in der Eile her gerichtet worden. Heute Morgen hatte sie der Officier mit Hülfe des Kutschers und des Jungen soweit beseitigt, daß man jetzt vollkommen paſſiren konnte.

Unſer Kutscher legte einen besonderen Werth darauf, uns gefahren zu haben und muß hierzu vom Schicksal förmlich aus ersehen gewesen sein. Er hatte sich, beim Abzuge der dänischen Armee, zur Leistung einer Kriegsfuhre — voraussichtlich seiner letzten dänischen — deſignirt, derselben in geschickter Weise und die Ueberstürzung benutzend, dadurch entzogen, daß er mit seinen Pferden in der dreiviertel Meilen langen Stadt umherzog, überall vorgebend, er sei im Begriff, anzuspannen. Dies geglückte Ma növer und der Umstand, daß er nunmehr die e r s t e d e u t s ch e Kriegsfuhre that, machte den Mann augenscheinlich stolz. Seine Pferde, beides Kriegskameraden von 1848 her, ein schleswig holsteinischer Artillerie- und Cavalleriegaul, haben die Folgen seines Patriotismus gewiß noch Tage lang in ihren lebens müden Knochen verspürt.

Endlich gelangten wir an das alte Friedrichsberger Wacht haus, an deſſen Thür über die ganze Breite mit Kreide ein koloſſales Dannebrogskreuz gezeichnet war, das einige Frauen und Kinder eifrig bemüht sind, abzuwaschen, um auch die ge ringste Spur deſſen, was an dänisches Regiment erinnern könnte, zu beseitigen.

„Guten Morgen" schallt uns aus Aller Kehle entgegen; Kopfnicken und freundliche Gesichter; die Jungen werfen jubelnd ihre Mützen in die Höhe.

„Aber was ist das?" fragt der Officier, „die ganze Straße hängt ja voller Fahnen, heute Nacht, wie wir einrückten, habe ich auch schon einzelne gesehen."

Der ganze Friedrichsberg prangte im Schmuck der Landes farben, nicht nur die Häuser, jedes Nebengebäude, jeder Schup pen hatte seine Fahne und sein Fähnchen; überall festlich geben, der Preis blieb ihnen doch; sie hatten geblutet und sollten noch bluten. Die Dänen hatten gesehen, daß man nicht schone, die Welt hatte erfahren, daß die geflissentliche Entstellung Böswilliger: die Verbündeten seien zum Schein hierher gekommen, eine Lüge sei.

Die einziehenden Soldaten wurden mit begeisterter Freude eingeholt, mit offenen Armen die Freunde, die Befreier empfangen. Es war noch das alte gute Schleswig. Das dänische Gift, so sorgsam eingeimpft, hatte nicht das brave deutsche Herz zu tödten vermocht. Das beste Gegengift, die Hoffnung, trotz alles Zweifelns und Härmens dennoch befreit zu werden, hatte den Muth aufrecht erhalten, und nun war die Hoffnung erfüllt. Schneller, überraschender, als es je erwartet werden konnte.

Ich hatte vor vierzehn Jahren Monate lang auf dem Friedrichsberge im Quartier gelegen, es kam mir jetzt vor, als sei es gestern gewesen. Dort stand wahrlich noch das alte liebe Haus, in dem ich so viel Gutes genossen hatte. Auch der Kramladen war noch drin — aber an dem Schilde steht ein anderer Name. Ob er wohl noch leben mag? Mein guter alter Peter Nicolaus L., der mir so wahrhaft väterlich gesinnte Freund, von dem ich, die Verhältnisse hatten es mit sich gebracht, nie wieder etwas gehört. Er war todt und sein schöner schwarzer Kater auch, den ich in jugendlichem Uebermuth Peter Nicolaus zu nennen pflegte, was mir jedes Mal, wie aus einem Munde, einen Verweis der alten Schwestern des Hausherrn, doch nicht so zu spotten, ein Thier mit einem Menschennamen zu belegen, noch dazu mit dem des eigenen Herrn, zuzog. Die alten Damen aber, die lebten noch und konnten sich gar nicht zu Gute geben, daß aus mir kleinem leichtfertigen Bürschchen ein so bärtiger, gesetzter Mann geworden war. Es ging mir wie in der Geschichte vom kleinen Töffel.

Meinen alten guten Freund Peter Nicolaus hätte ich nun wohl gewünscht, wieder in seinem Hause zu finden, der schönen Blondine aber, meinem vis à vis, die uns alle Morgen, wenn wir ausrückten, Revue passiren ließ, wünschte ich es nicht, wenigstens nicht in ihrer damaligen Eigenschaft. Sie wäre, neunzehn und fünfzehn macht vierunddreißig, ja unfehlbar eine alte Jungfer gewesen. Sie war es nicht. Seit Jahren verheirathet

zu Husum in der Stadt, war sie die liebende Gattin eines
Schiffscapitäns, die sorgende Mutter der Kinder und herrschte
weise im häuslichen Kreise.

Als mein kleiner Begleiter mein Interesse für den Friedrichs=
berg wahrnahm und die alten lieben Erinnerungen mich schwei=
gen machten, begann er erklärend: „Dort hat der General=
superintendent Nielsen gewohnt, der jetzt bei dem Großherzog in
Oldenburg ist, den haben die Dänen auch weggejagt und er
durfte nichts mitnehmen, als was er an sich hatte. Er hat
nichts gethan, als daß °er nicht dänisch predigen wollte. —
Das ist das Prinzessinnen=Palais, da haben die Dänen am
22. April 1848, als schon Waffenstillstand gemacht war, noch
auf zwei preußische Officiere geschossen, denen beide Beine zer=
schmettert wurden. Die Tafel, worauf die Namen standen und
beim Schlosse angeschlagen war, haben sie abgerissen.“

Meiner Frage, woher er dies Alles wisse, da dies doch schon
1850 passirt und er erst zwölf Jahre sei, wurde die Antwort:
„So etwas erzählen uns die Eltern, denn in der Schule dürfen
wir davon nicht sprechen. Der Lehrer erzählt uns dort nur,
wie tapfer sich die Dänen bei Idstedt geschlagen haben. Ich
will das aber gar nicht wissen, denn ich bin ein Schleswig=
Holsteiner und deswegen erzählt mir mein Vater alles dies und
der lügt nicht.“

Wir waren unmittelbar vor Gottorf. Links das ehemalige
Palais des Prinzen Fritz v. Noer, in dem, wie die beiden däni=
schen Schilderhäuser es bekundeten, der General de Meza sein
Quartier gehabt hatte.

An der nach dem Schlosse führenden prachtvollen Allee
hatten die Dänen die letzten Spuren ihrer Anwesenheit in Schles=
wig zurückgelassen. Die Bäume waren sämmtlich mit Aerten
eingehauen und, um sie beliebig lange zu halten, mit Gerüsten
versehen, die, entfernt, sie jeden Augenblick fallen machen konnten,
um dadurch einen undurchdringlichen Verhau vor dem Schlosse
zu bilden. In der Nähe des Schlosses war ein reges Leben.
Soldaten aller Art strömten hin und her. In langen Reihen
aufgestellte Bagagewagen zeigten an, daß in denselben vorläufig
von Truppen Quartier genommen war. Die Wachthäuser links

„Dort werden sie die Leiche mir aber nicht abnehmen,“ entgegnete der Mann, der aus reinem Pflichtgefühl und unauf=gefordert gehandelt hatte, denn er trug — ein Beweis, daß er nicht aus Liebe zu dem dänischen Todten diesem den letzten Liebesdienst erwies — an seiner Mütze die schleswig=holsteinische Cocarde, und setzte hinzu: „Ich möchte mit den Dänen im Hospital nicht gern in Berührung kommen.“

„Dann lassen Sie die Leiche hier,“ ordnete der Major an. „Kennen Sie den Officier?“

„Nein,“ war die Antwort.

„Ich werde die Leiche vorläufig hier in ein Zimmer legen lassen, damit etwa Angehörige oder Bekannte sie abholen können. Sonst wird sie Nachmittags beerdigt.“

Einige Soldaten trugen sie in's Schloß. Der Todte hatte dem Jäger = Corps angehört, das unter speciellem Befehl des Kronprinzen gestanden und bei Wedelspang mit im Gefecht ge=wesen war. —

Mit meinem Eintreffen in Gottorf hatte ich endlich das eigentliche Ziel meiner Reise erreicht, nämlich diejenigen Freunde, die ich ursprünglich aufsuchen wollte, gefunden. Daß sie gerade in Gottorf lagen, war mir um so angenehmer, als mir dadurch die Gelegenheit geboten wurde, einen Blick in den eben ver=lassenen langjährigen Sitz der dänischen Garnison Schleswigs thun zu können.

Es war mir lieb, noch einmal die alten ehrwürdigen Räume betreten zu sollen, kannte ich sie auch zur Genüge. Hatte ich doch seiner Zeit hier manch' liebes Mal den Instruc=tionsstunden, so geistreich gegeben von einem alten Sergeanten, daß, hätte ich es nicht verbissen, ich vielleicht eben so gut und noch besser geschlafen haben würde, als auf der Streu zu Lottorf, beiwohnen müssen. Im Redoutensaale, früher wohl nur von fürstlichen Personen, von höchsten und hohen Gästen betreten, war es, wo wir — alltäglich hatte die „Schuster= und Schneider=Commission“ dort ihre Sitzung — am 22. März 1850 unseren Ball zu Ehren des Geburtstages des hohen Regiments = Chefs abhielten. Das stand Alles so klar vor meiner Seele, daß ich hätte zweifeln mögen, ob ich denn wirklich so lange nicht hier gewesen. —

Das Hauptquartier des Generals v. Gablenz hatte sich ebenfalls hier vorläufig ansäßig gemacht. Davon zeugten, wenn ich es auch nicht gewußt hätte, die beschäftigt hin und her eilenden Adjutanten, die vielen harrenden Ordonnanzen, Lichtensteiner und Windischgrätzer, Cavalleristen und Infanteristen, zu Roß und zu Wagen, alle im höchsten Grade eilig. —

Der Feldmarschall v. Wrangel wurde erwartet. Die Verfolgung der Dänen war angeordnet und eingeleitet. Es sollte aber, ehe der österreichische Befehlshaber weiter ging, eine Conferenz stattfinden. Die Ankunft des greisen Feldherrn konnte jeden Augenblick erfolgen. —

Ich hatte also, da die Infanterie der Brigade Nostiz, zuerst das 9. Feldjäger-Bataillon (Major Schiblach), sodann das Regiment Belgier (Oberst Prinz Wilhelm zu Würtemberg) und schließlich das Regiment Hessen (Oberst Graf Auersperg), den bereits verfolgenden Liechtenstein=Husaren erst vor Kurzem nachgeeilt war, Muße genug, mich — man wird mir verzeihen, daß ich, nach dreitägiger schmaler Kost und Entbehrungen anderer ebenso fühlbarer Art, mein leibliches Wohl voransetze — mich zu restauriren und mich dann einigermaßen, wenigstens in Gottorf und auf meinem lieben Friedrichsberg, umzusehen. —

Das Zimmer, welches ich mit einem Officier des Regiments „Coronini“ auf eine Stunde theilte, war eins der alten hohen Gemächer, das, im ersten Stockwerk belegen, ehedem wohl der vornehmsten Gäste Gottorfs einen beherbergt haben mochte. Von seiner einstigen Pracht hatte es indeß Nichts eigenthümlich behalten, als seine unveränderte Höhe und die Größe des Raums, genügend, um 20 solcher Passagiere wie wir, noch dazu ohne Sack und Pack, aufzunehmen. Die letzte Bestimmung hatte es wahrscheinlich darin gefunden, einem dänischen Officier Dienstwohnung zu sein. Ein Sopha, ein Tisch, ein leeres Bett und ein Kleidergestell waren die einzigen Möbeln; sonst war es ganz leer und schien lange nicht benutzt gewesen zu sein. Wenigstens schließe ich dies aus seiner, mit Ausnahme der angeführten Möbeln, vollkommenen Leere und der Reinlichkeit

angefangen hatte, über den Papierhaufen allerlei Figuren und
Ringe zu gießen, und hob das Heft und einige dabei liegende auf.
Durfte ich meinen Augen trauen? — Der Titel lautete:

Zur Geschichte
des
Feldzuges der Schleswig-Holsteiner gegen die Dänen
im Jahre 1850.

Die Schlacht bei Idstedt,
am 24. und 25. Juli.

Von
Freiherr Ulrich v. d. Horst,
Generalmajor a. D.,
letzter kommandirender General der Schleswig-Holsteinischen Armee, Ritter ꝛc. ꝛc.

Berlin 1852.

Aber noch mehr sollte des Staunens sein. Ich wurde fast
zweifelhaft über mich selbst, ob ich nicht seit 15 Jahren den
Dänen bitteres Unrecht gethan. Die Dänen gaben ihren Soldaten deutsche Lectüre; die Dänen ließen ihren Soldaten Exercier-
Reglements und Instructionsbücher über den Dienst des Infanteristen von Walderfee, die noch mit dem Stempel der schleswig-
holsteinischen Armee bedruckt waren, zu Gesicht kommen. Toleranter,
anerkennender konnte der Feind wohl kaum handeln. Schmäht ja
doch oft genug der sogenannte Freund des Freundes Werk aus
niederem Neid, aus elender Mißgunst. Dänemark lehrt deutsch.
Das war noch nicht dagewesen. In einem Raritäten-Cabinet
befand ich mich denn doch auch nicht, das bezeugte die übrige
Etaffage des Zimmers zu deutlich, die, es sei denn, daß der
erwähnte Kaffeekessel einen unschätzbaren, von mir nicht geahnten
Werth haben mochte, doch nur Unrath zu nennen war. Es ist
zu rührend, wie man die armen Dänen verkannt hatte. Ihre
Soldaten schießen aus schleswig-holsteinischen Gewehren, sie tragen
schleswig-holsteinische Montirungsstücke, aus schleswig-holsteini-

schem Reglement dürfen sie Deutsch lernen! — Alles schleswig-
holsteinisch! — und doch Unzufriebenheit! —

Warum der Vorbesitzer wohl die von der schleswig-holsteinischen Armee überkommenen Bücher zurückgelassen hat? dachte ich.
Wollte er es uns handgreiflich beweisen, daß das Sprach-Rescript
nur Form sei, oder war es eine Andeutung auf eine schleswig-holsteinische Verschwörung in der dänischen Armee, die heute oder
morgen den Augustenburger zum „König" ausrufen wollte?
Oder — sollte er vielleicht eine Vorahnung gehabt haben, daß
in wenigen Stunden Oewersee Revange für Idstedt sein werde?
Sollte er sich gescheut haben, mit diesem Denkzeichen über Idstedts
Felder .gen Oewersee zu ziehen? —

Jedenfalls war es kein solcher Talisman, als wofür das
Schriftstück gehalten wurde, welches später in meine Hände kam
und von einem gläubigen dänischen Soldaten, einem leuchtenden
Beispiel der Aufklärung, verloren war. — Es hatte ihm den
unfehlbaren Schutz gegen die feindlichen Kugeln gewähren sollen.
— Ob es auch gegen die Kugeln der Jäger der Brigade
„Nostiz", ob es gegen die Bajonette und Kolben der „Belgier"
ihn gefeit hätte oder ob der arme Teufel nur vogelfrei geworden,
weil er seinen „Et gudeligt Brev" (göttlichen Brief) verloren
hatte, habe ich nicht erfahren können. Aber gewiß ist, daß viele
dänische Soldaten solche Freibriefe bei sich trugen. —

Derselbe lautet in wörtlicher Uebersetzung:

Ein göttlicher Brief.

Es war einmal ein Graf, welcher einen Diener eines be-
gangenen Mordes wegen hinrichten lassen wollte.

Da dies nun geschehen sollte, konnte der Scharfrichter ihm
nicht den Kopf abschlagen. Da der Graf dies sahe, frug er:
wie es zugehe, daß ihm das Schwert nicht schaden könne?
worauf der Diener ihm einen Brief zeigte, worin folgende Buch-
staben standen:

L. I. T. K. H. B. K. N. H.

Nachdem der Graf den Brief gesehen hatte, befahl er: Ein
Jeder in dem Gute solle einen solchen Brief bei sich tragen. Im

tarienſtück erhalten zu ſehen, lieferte denſelben, wie ich ſpäter
ſelbſt gewahrte, pflichtſchuldigſt in der Küche ab. Ein anderer
Soldat, ein Diener, der ein paar Bogen reinen Papiers und
einen Strick, welche Sachen er zur Verpackung der Bagage ſeines
Herrn verwenden wollte, an ſich genommen hatte, mußte beides
an den Ort zurücktragen, wo er es gefunden hatte, und mit einem
derben Verweis entlaſſen, wurde ihm Schlimmeres in Ausſicht
geſtellt.

„Nichts ſollſt Du anrühren, iſt befohlen! Und wenn ein
ganzes Rieß Papier verbrannt wird und alle Stricke dazu, Du
rührſt Nichts an. Was Du brauchſt, kaufſt Du. Verſtanden?"
herrſchte der Officier.

In der Stadt wurde es immer lebhafter. Den Friedrichs=
berg entlang ertönt Muſik. Die Brigade Gondrecourt kommt.
Es ſoll ein paar Stunden einquartirt werden, um die Soldaten
eſſen zu laſſen. Die Brigade Gondrecourt?! Da mußte ich hin.
Alſo ſchnell hinunter und entgegen.

Als ich die Treppe hinunter komme und in die Halle des
Portals trete, ſehe ich auf dem Hofe eine Gruppe ſtehen, die
mich trotz meiner Eile bewog, einen Moment zu warten und dazu
zu treten. Zwei däniſche Soldaten in voller Ausrüſtung, ein
öſterreichiſcher Officier ein Papier in der Hand haltend und
einige Civilperſonen ſtehen beiſammen. Es wird lebhaft geſprochen.
— Der jüngere Soldat bemüht ſich, Etwas zu betheuern; die
Civilperſonen ſcheinen ſeine Angabe zu beſtätigen. Da mit einem
Male ſtürzte eine alte Frau, ſich durch einen eben in's Schloß
rückenden Trupp durchdrängend, auf die Gruppe los. Den
Soldaten umfaſſend und auf's Herzlichſte küſſend, ruft ſie aus:
„Biſt Du wirklich fortgekommen? Gott ſei es ewig gedankt,
daß ich Dich wieder habe," und hinzuſetzend, wendet ſie ſich an
den Officier, „Sie können ihn gern bei ihren Leuten behalten,
Herr Capitän, er wird Ihnen nicht davonlaufen, er wird die
Dänen ſchlagen helfen. Er war noch kaum 10 Jahre alt, da
wollte er ſchon bei den Schleswig-Holſteinern eintreten und Tam=
bour werden, er war aber zu ſchwach; der Junge fürchtet ſich
nicht vor den Kugeln. ...."

„Mutter," unterbrach die Frau, die in vollſter Extaſe war,

der Soldat, der sich nicht für einen Deserteur halten lassen wollte, „laß mich einmal reden. Ich bin nicht davon gelaufen, Herr Hauptmann; der da und ich wir konnten nicht mehr, als es gestern Abend fortging. Wir sind unterwegs liegen geblieben. Bauern haben uns in ein Haus genommen und heute Morgen hat uns der Mann dort auf einem Wagen hierher gebracht."

Der Bauer bestätigte diese Erzählung kopfnickend.

Der andere Soldat stand vor sich hin stierend dabei und sagte kein Wort.

„Spricht der Mann auch deutsch," fragte der Officier.

„Nein! Es ist ein Jüte und erst seit 2 Monaten einbe- rufen," war die Antwort.

Der Schleswiger, der vorher, um entlassen werden zu kön- nen, nicht vollständig seine schleswigsche Herkunft hatte nachweisen können und so lange zurückgehalten werden sollte, bis dies ge- schehen, war nun, des überzeugte sich Jeder, genügend durch die Mutter legitimirt und nachdem er seine Ausrüstung abgelegt, auch die Montirung umgehend zurückzugeben sich verpflichtet, zog er seligen Blickes mit der erfreuten Mutter von dannen.

Der Jüte stieg vorläufig zwei Treppen höher — zu den Gefangenen. —

Das Regiment „König von Preußen" hatte indeß auf der langen Straße halt gemacht, und in der Ferne wurde schon das Regiment „Martini" sichtbar. Da heißt es „Platz gemacht" und um die Ecke biegt der General Gondrecourt mit seinem Adjutanten.

Wie aus einem Munde erschallt ein donnerndes Hurrah, dem sich die versammelte Volksmenge, die Parole: „das ist er", von Munde zu Munde weiter gebend, mit Mützenschwenken und Tücherwehen anschließt. Er springt vom Pferde und tritt in ein nahe gelegenes Gasthaus; mit langen Hälsen und neugierigen Blicken von der Menge verfolgt, die bemüht ist, den tapferen Degen zu sehen. —

Die Bataillone brauchten kaum einquartirt zu werden; aus allen Häusern wurden ihnen Lebensmittel und Erfrischungen gereicht, in jedem waren sie willkommene Gäste. Kaum eine Stunde war verflossen und „die eiserne Brigade" stand bereit zum Weitermarsch, so munter und lustig, als gelte es einen

Mitbürger so hoch stehe, daß man mich hierzu nicht zwingen werde. Ich habe meine Ansicht nie verleugnet und man wird mir Ungerechtigkeiten nicht vorwerfen können. Es ist Schleswig großes Unrecht geschehen, aber das hätte sich jetzt gut machen lassen. Die Verfassung freilich hätte gar nicht bestätigt werden müssen. Der König konnte ja aber nicht anders."

Der Mann machte entschieden einen günstigen Eindruck. Der Officier war sogar von ihm eingenommen; ich selbst über dieses freimüthige Bekenntniß erstaunt, da ich die dänischen Beamten bis dahin nur als Fanatiker kennen gelernt hatte. Es ging ihm sogar die den Dänen eigenthümliche, wenn sie freundlich sein wollen an den Tag gelegte, Süßigkeit ab. Er erschien uns ein durchaus würdiger Mann; die Ansicht bestätigte sich umsomehr, als ich bald ein Gegenstück kennen lernen sollte.

Sie war anderen Ortes diese Begegnung. Eine lange abgemagerte Gestalt, mit gelblichem Gesicht und herunterhängenden glattanliegenden Haaren, machte der Mann dem Aeußern nach schon einen ungünstigen Eindruck. Er sprach seine Meinung niemals aus, statt dessen aber grinste er mit widerlicher Höflichkeit und wußte händereibend seine Ansicht mit einem „Was soll man dazu sagen" zu verdecken. Mir kam er so vor, als ob er um des lieben Brotes willen ebensowohl dem Hause Glücksburg, wie dem Hause Augustenburg dienen würde; heute dänisch, morgen deutsch. Ich konnte mich in ihm irren, hielt den Mann aber zu Allem fähig.

Als ich später einen befreundeten, sehr gemäßigten Deutschen um seine Meinung über „diese Väter der Stadt" fragte, erhielt ich den Aufschluß, daß Beide nicht an ihren Plätzen seien. Der erstere besteche durch an den Tag gelegte offene Darlegung der, der herrschenden entgegengesetzten, Meinung und durch das Selbstbekenntniß, Schleswig sei Unrecht geschehen; der andere sei ein politischer Renegat, im höchsten Grade gemeinen Characters, zu Allem fähig. Beide sind ihrer Aemter entsetzt worden, wenn auch nicht, wie mein kleiner Bramarbas es wollte, durch den Willen des souverainen Volks, so doch durch die gesetzliche Behörde — die Civilcommissaire.

In der Straße erklang das „Schleswig-Holstein meerumschlungen"; ein Volkshaufe, Fahnen voran, zog durch die Stadt; man hatte unter der Hand alle Vorbereitung zur Illumination getroffen.

Unser gastfreundlicher Hausherr, dem ich nochmals ausdrücklich bestätige, daß er ein liebenswürdiger, einen sehr angenehmen Eindruck machender Mann war, und dessen ganze häusliche Einrichtung auf ein sehr behagliches und glückliches Leben schließen ließ, schien sich doch schon einigermaßen damit vertraut zu machen, sein Haus und seine Familie verlassen zu müssen, denn als „abgesetzter oder weggejagter" Beamter wollte er aus freien Stücken nicht am Orte bleiben.

„Man wird uns heute Abend die Fenster einwerfen," mit diesen Worten trat er ins Zimmer, hiermit dem Officier das äußerst angenehme Prognosticon stellend, daß er auch heute, endlich einmal unter Dach und Fach gekommen, doch noch nicht die gewährte und erwünschte Ruhe erhalten werde.

„Aber warum denn?" fragte erstaunt der Officier, der es gar nicht fassen konnte, einen so liebenswürdigen Mann derart mitgenommen zu sehen. Ich selbst wunderte mich, da von dem Hause herab ein Paar mächtige Schleswig=Holsteinische Fahnen wehten, die freilich, was ich aber nicht wußte, von dem Bewohner der oberen Etage angebracht waren.

„Ich werde heute Abend nicht illuminiren und dann wirft mir das Volk die Fenster ein," erklärte der Hausherr; „ich thue es aber keinen Falls, das kann ich ja gar nicht."

Mir kam ein Gedanke.

„Lassen Sie die Rouleaux heraufgezogen, Licht in der Stube brennen und postiren Sie Ihren Diener in der Nähe des Fensters," rieth ich dem Officier; „wenn die Leute die Uniform sehen, gehen sie ruhig ab."

Das Mittel ist wirklich zur Anwendung gekommen und hat seine Dienste geleistet. Der kaiserliche Rock hat den dänischen Beamten vor Excessen bewahrt. Daß man dies Mittel in Kopenhagen mit Erfolg anwenden dürfte, wenn einem Deutschen Aehnliches bevorstände, wie unserm Hausherrn, wäre wohl eine gewagte Annahme. Wenigstens scheint der Kopenhagener Pöbel seine alten Eigenschaften noch treulich bewahrt zu haben.

geahnt. Noch heute daher sei der würdigen Dame der gebühr-
rende Dank.

„Doch das ist Alles alt," hub die Veteranin wieder an,
„wissen Sie etwas Neues?"

„Nun?" fragte ich.

„Eben ist mein alter Freund Wrangel hier gewesen und
hat mich besucht. Aber bist Du eine alte Schachtel geworden,
hat er gesagt, und dabei gab er mir einen Kuß auf die Stirn.
Der Kronprinz stand dabei und hat es selbst gesehen."

Ich kannte den hohen Werth der Dame, ich wußte, daß die
höchsten und hohen Herren, ohne Unterschied der Nation, gern
dort weilen. Madame E. ist Gastwirthin comme il faut, sie
weiß ihre Leute zu behandeln.

Ich hätte gern aus ihrem Munde eine Meinung über die
dänischen Officiere gehört, die dort, wie 1848, 49 und 50 ab-
wechselnd Preußen, sonstige Bundestruppen und Schleswig-
Holsteiner, seit vierzehn Jahren ausschließlich verkehrt hatten.
Ich hätte gern über die interessanteste Persönlichkeit, den General
de Meza selbst, Etwas erfahren. Ich unterließ es aber, zu fragen, es kam mir diese Frage wie ein Unrecht vor.

„Der General Hahn ist aber doch mein bester Freund,"
fing die gewandte Rednerin wieder an, „das war ein Mann,
wie man ihn suchen soll."

Ich hätte vielleicht doch, ohne zu fragen, noch manches
Interessante gehört, wenn sich nicht zwischen uns ein stämmiger
schleswigscher Landbebauer, seine Pflanze am Arme mit sich zie-
hend, gedrängt hätte. Er schien es eilig und mehr Anrechte auf
des Hauses Freundschaft zu haben, als meine bereits verjährten
und so mußte ich mich bescheidentlich zurückziehen. Meine Neu-
gierde blieb unbefriedigt. Die Donna am Buffet schien sich
nicht so leicht, wie die Herrin, über den gehabten Verlust der
langjährigen Freunde hinwegzusetzen. Die Neuankömmlinge hatten
sich keines bewillkommnenden Blicks zu erfreuen. Sie hatte
Thränen in den Augen, die Arme. Mir that sie Leid. Wer
weiß, welch treues Herz, das ihr gehörte, jetzt bluten mußte.

Im Zimmer nebenan fing es schon an sich zu füllen, ja
sogar Fremde aus dem Süden waren herangekommen, wahr-

scheinlich Begleiter der Truppen oder Leute aus der nächsten Umgegend Schleswigs. Zeitungen gab es seit acht Tagen nicht, d. h. deutsche. Also es wurde mündlich Politik getrieben. Jeder tischte auf, was er wußte, oder auch was er nicht wußte. Das kommt in solcher Zeit auf ein Bischen mehr oder weniger nicht an, denkt so Mancher und hängt an die 10 eine Null und macht 100 daraus. Es wurde nach der Möglichkeit geschnurrt und ich lasse mir das gefallen, wenn es gut geschieht und Niemandem schadet; aber die erlaubte Grenze wird zu selten inne gehalten. Besonders was Todte und Verwundete anbetrifft, ist es geradezu sündlich. Ein Jeder sollte sich doch freuen, aus den größeren Zahlen, die zuerst genannt werden, schließlich kleinere werden zu sehen. Das ist aber bei Vielen gerade umgekehrt. So Mancher hat eine förmliche Wuth, von einem Halbbutzend Todter und Verwundeter, Officiere wo möglich, mehr sprechen zu können. Ist einer als „schwer verwundet" aufgegeben, dann setzt ein Solcher gewiß hinzu: „Er ist wahrscheinlich schon todt;" hat er einen Schuß im Bein, so muß es unfehlbar amputirt werden.

Woher auch sonst die entstellten, fabelhaften Nachrichten, die in die Heimath, besonders in kleine Städte und auf's platte Land kommen.

Ein Herr aus Preußen, den ich Tags darauf einen Officier anreden hörte, fragte mit Erstaunen: „Herr Gott, leben Sie noch, bei uns sind Sie lange todt gesagt und das halbe Bataillon dazu." — „Wir waren aber noch gar nicht im Gefecht," war die Antwort.

Die Feldpost befand sich nämlich noch in der Entwickelungs= Periode begriffen; Schleswig war gleich einem überseeischen Ort zu erachten.

An dem langen Tisch, an dem die Politiker und solche getreuen Berichterstatter vom Kriegsschauplatz saßen, fiel mir ein Blondin mit rasirtem Schnurbart und Bart=Coteletten auf, neben sich einen orientalisch aussehenden Mann, der ihm von Zeit zu Zeit eine Notiz zu geben schien, die Jener zu Papier brachte.

Ich setzte mich den Beiden gegenüber. Daß sie aus dem Geschwätz der Anwesenden Etwas zu verwenden beabsichtigten, das hielt ich für absolut unmöglich.

so läſtigen Frager auf den Hals gezogen, daß ich, hätte ich nicht an und für ſich Eile gehabt, deshalb mich ſchon entfernt haben würde.

IV.

Es ſei mir nun geſtattet, den weiteren Gang der Ereigniſſe in Kurzem zu beſchreiben. Einiges, was ich ſchon geſagt, wiederhole ich nur des Zuſammenhanges wegen. —

Am 5. Februar war alſo beim Oberbefehlshaber Kriegsrath gehalten worden. In den Corps-Hauptquartieren wurde Alles, zur Ausführung des großen Planes Erforderliche, vorbebereitet. Der Prinz Friedrich Karl hatte, als Reſultat einer Recognoscirung, Arnis und Cappeln, bei welchen Orten die Schlei bezüglich etwa 300 und 500 Schritt beeit iſt, als die geeignetſten Punkte zum Uebergang erachtet und ſein Vorſchlag die Sanction des Oberbefehlshabers erhalten. Er hatte ſich nunmehr in der Nacht vom 5. zum 6. mit ſeinen Truppen dorthin zu dirigiren, nur ſeine Vorpoſten bei Miſſunde zurücklaſſend. Dieſe wurden gedeckt durch das Rechtsziehen der Brigade Dormus, verſtärkt durch das Regiment Windiſchgrätz-Dragoner No. 2. Dieſe Maaßregel war erforderlich, um einen möglichen Durchbruch der Dänen bei Miſſunde und einen Seitenangriff zu verhindern.

Bei „Königshöhe" waren die Arbeiten zur Errichtung einer Batterie öſterreichiſcherſeits bereits in Angriff genommen, mußten jedoch bei Tage eingeſtellt werden, da die Dänen aus den gegenüber liegenden Batterieen ſogar einzelne Arbeiter beſchoſſen.

Die Arbeiten aber mußten in der Nacht vom 5. zum 6. beendet ſein. Dies gelang auch unter den übermenſchlichſten Anſtrengungen. Einer der arbeitenden Soldaten wurde, in Folge der unausgeſetzten Anſtrengung und Aufreibung aller ſeiner Kräfte, leblos vom Platze getragen.

Neben öſterreichiſchen Geſchützen, waren hier vornehmlich die preußiſchen 12pfündigen zur Verwendung auserſehen.

Das Centrum erwartete mit Tagesanbruch den Befehl zum Eröffnen des Feuers, um den Feind in der Front zu beschäftigen, ihn in den Werken zurückzuhalten.

Der linke Flügel, neben der gebotenen Aufgabe, einen möglichen Durchbruch der Dänen zu verhüten, hatte die fernere, sie ebenfalls in den Dannewerken beschäftigt zu halten. Da trat, ehe noch der Plan in das erste Stadium seiner Ausführung gelangen konnte, die bereits beschriebene Catastrophe ein. —

Prinz Friedrich Karl hatte bei seiner Recognoscirung, waren auch jenseits der Schlei einige Schanzen errichtet, die Stellung Arnis-Cappeln schwach besetzt gefunden, so daß eine Vertreibung des Feindes aus derselben und die Bewerkstelligung des Ueberganges möglich erschienen. Es waren zu dem Zweck: eine Brigade überzusetzen, aus Kiel und Eckernförde Fahrzeuge per Achse herbeigeschafft worden. Die so übergesetzten Truppen sollten das jenseitige Terrain occupiren und das Legen der Pontons decken; auf dem diesseitigen Ufer aufgestellte Artillerie Unterstützung gewähren. Das Uebersetzen sollte um 4 Uhr Nachts seinen Anfang nehmen. —

Der Abmarsch der Truppen geschah Nachmittags gegen 2 Uhr, ihre Ankunft erfolgte an den zu erreichenden Punkten Abends, und bezogen sie Bivouaks. Diese Bewegung der Truppen, jedenfalls dem dänischen General sofort bekannt geworden, ist wohl die nächste Veranlassung gewesen, die Stellung aufzugeben.

Das Uebersetzen konnte nicht sofort in Angriff genommen werden, da das angetriebene Eis an den Ufern eine förmliche Wand bildete, während die Schlei nur in der Mitte Fahrwasser hatte. Die Fährleute hielten die sofortige Fahrt für zu gefährlich. Um 7½ Uhr war die Brigade Roeber soweit übergesetzt, daß das Legen der Pontons beginnen konnte. Die Stellung am jenseitigen Ufer wurde jedoch — leer gefunden.

Um 10¼ Uhr beendet, wurde die Brücke zuerst von dem kommandirenden General Prinzen Friedrich Carl und seinen hohen Verwandten, den beiden Prinzen Albrecht von Preußen, sowie dem Großherzog von Mecklenburg-Schwerin passirt, darauf folgend das Regiment Ziethen-Husaren.

einer Escadron des Lichtenstein-Husaren-Regiments zunächst Schleswig gelegen hatte, rückte, wie schon erzählt, zuerst in die Stadt und wurde zur Besatzung derselben designirt.

Die Escadron Husaren dagegen, ohne Aufenthalt im Trabe Schleswig passirend, eröffnete eiligst die Verfolgung. Die übrigen zerstreut gewesenen Escadrons folgten successive. Es folgten sodann das 9. Jäger-Bataillon, die Regimenter „Belgien" und „Hessen".

War überhaupt es noch möglich, den Feind zu erreichen — so sprach sich in Schleswig die Meinung aus — werde es höchstens sein Nachtrab, Bagage, Proviant ꝛc. sein, den man abschneiden könne. An ein Gefecht nnd ein so blutiges, wie es bevorstand, dachte Niemand.

Eher wiegte man sich in der Hoffnung, entspringend wohl nur aus dem Wunsch, daß es so sein möchte, der Prinz werde die dänische Armee vor Flensburg in Empfang nehmen.

Bei Helligbeck stießen zuerst die Husaren auf die feindliche Arrieregarde, schnitten einige Wagen ab und setzten die Beunruhigung des Rückzuges unausgesetzt fort.

Nach und nach waren die detachirt gewesenen Abtheilungen herangekommen und schließlich 4 Escadrons beisammen.

Es ging bis vor Oeverfee vorwärts und war auch das Feuer zweier herangezogenen Geschütze hin und wieder dänischerseits beantwortet worden, so doch kein ernstlicher Zusammenstoß erfolgt.

Kurz vor Oeverfee versuchten die Husaren, einer eben im Abfahren begriffenen Batterie nach zu kommen — sie zu nehmen. Es gelang, einige Geschütze abzuschneiden. Eine halbe Escadron, die dabei bleibt, wird aus einem Hinterhalt von Infanterie beschossen und hat nicht unerhebliche Verluste.

Der Rest rückt vor. Da mit einem Male erhebt sich hinter einem Knick — die Husaren sind dicht vor dem Schuß — ein ganzes Bataillon und giebt eine Salve in dieselben.

Der Commandeur befiehlt: „Links halten!" um aus dem Feuer zu kommen. Da erhebt sich zur Linken hinter dem anstoßenden Knick ein zweites Bataillon. Die Husaren sind im Kreuzfeuer.

Es folgt Salve auf Salve. Die Husaren sind im Begriff, den Platz zu räumen, da kommt mit aufgepflanztem Bajonett, in Divisions-Massen formirt, das 9. Jäger-Bataillon im Sturm-lauf heran.

„Vorwärts! Es lebe der Kaiser!"

„Hurrah!" und mit unaufhaltsamem Lauf geht es vor. Die Dänen weichen und nehmen bei Oewersee Position. Todte und Verwundete bezeichnen jeden genommenen Knick, jede verlassene Stellung.

Da ergreifen plötzlich die Dänen die Offensive. Eine gut ausgeführte Attake zwingt die Jäger zum Stehen und bedarf der Anprall festen Stehens. Eine zweite, eine dritte solche hätte den Dänen vielleicht ein Stück Bodens gewinnen lassen. Die Verluste waren zu groß, die Anstrengungen — ein sieben-stündiger Marsch, fast in stetem Trabe, bei, wörtlich zu nehmen, ½ Stunde Ruhe — hatten die Kräfte fast erschöpft.

Die Dänen haben 6—8 Bataillons — wenn ebenfalls er-mattet, so sind sie doch 6—8 Mal so stark als die Jäger — mehrere Batterien und einige Escadrons Cavallerie im Gefecht und — die Stellung bei Oewersee.

Die Jäger sehen eine Erneuerung des Angriffs voraus. Er folgt nicht. Sie sollen selbst wieder vorgehen, da erschallt neues Hurrah.

„Die Belgier! Der Sieg ist unser!"

Sie sind's. Voran der Held von Solferino, der würdige Sohn seines großen Vaters, Prinz Wilhelm zu Würtemberg, neben sich die hochflatternde Fahne. „Vorwärts! Vorwärts, Kin-der! Es lebe der Kaiser! Hurrah!" Mit rasender Schnelle geht's über die blutgetränkte Stätte in die dänischen Reihen. Von Hügel zu Hügel, von Loch zu Loch, bis an den Leib im Schnee watend, fortwährend den gut gezielten Schüssen der Dänen, die hinter Steinwällen fest liegen, ausgesetzt, war Oewersee für die Angreifenden eine Stellung, die die erdenklich schwersten Hin-dernisse zu beseitigen darbet.

Aber es geht ohne Halt vorwärts. Die Jäger hatten schon, durch die Nässe veranlaßt, nur beschränkten Gebrauch von der Feuerwaffe machen können, die Gewehre des Regiments „Bel-

Vom Regiment „Hessen" No. 14:
Todt und verwundet: 34 Mann.
Vom Regiment Liechtenstein-Husaren No. 9:
Todt: Wachtmeister Strohmeier.
Todt und verwundet: 32 Mann.

Der Oberst Prinz Wilhelm zu Würtemberg lag schwer darnieder. Ihm mußten an dem bei Solferino verwundeten Fuße zwei Zehen abgenommen werden.

Kein Officier des Regiments „Belgier" existirte, der, war er unverwundet, nicht Kugeln in die Kleider oder Ausrüstungs-Gegenstände bekommen hatte.

Dem Major Baron v. Haugwitz war die Säbelscheide zer-schossen. Hauptmann Eder hatte acht Kugeln, die seinen Mantel und Rock zerfetzt hatten, aufzuweisen; ähnlich mehrere andere Officiere.

Einem hatte eine Kugel im Portemonnaie ein Geldstück breitgeschlagen und abspringend den Nebenmann verwundet; einem andern war die Cigarrentasche zertrümmert.

Ein Husaren-Officier, Graf Lamberg, bekam eine Kugel, die ohnfehlbar in die Brust gegangen wäre, hätte ihn nicht ein Knebel seines Dolmans, bei dem sie stecken blieb, gerettet.

Ebenso schützte den General v. Gablenz selbst sein Säbel-koppel, von dem die Kugel absprang, vor einer Unterleibswunde.

Der Adjutant des Jäger-Bataillons, Oberlieutenant Laiml, bekam erst einen Kolbenschlag, dann eine Kugel, und als er, immer vorwärts stürmend, einer der ersten blieb, die zweite Kugel in die Brust und sank vom Pferde.

Gegen 1000 Gefangene, mehrere Dannebrogs, viele Geschütze, zahlreiche Wagen mit Munition, Proviant und Bagage aller Art, waren in die Hände der Sieger gefallen.

Des Schlachtfeldes will ich nicht gedenken. Sollte ich mit den Farben malen, derer es bedürfte, um getreu darzustellen, ich würde ein Bild vorführen, das Schaudern macht. Nach dem Gefecht schon, geschweige nach Tagen.

Der Vergleich mit 1812 sagt genug.

Ein weniger abschreckendes finde hier einen Platz.

Bei Bilschau im Graben lag ein todter Lichtenstein-Husar,

gehüllt in seinen weißen Mantel, den Reitersäbel an der Seite, auf dem Kopf noch den leinenüberzogenen Czako. Der Schnee tänzelte über ihn hinweg, als wage er es nicht, ihn zu bedecken. That er es doch unbarmherzig bei den Hunderten, die draußen lagen und zu retten waren; bei der schaurig finsteren Nacht aber erfrieren mußten. War er wiederum doch mitleidig genug mit den Todten, ihnen das erste Grab. — Den Husaren aber hatte der Schnee nicht bedeckt. Er lag so stolz da, als wollte er sagen: „Wartet nur! Wenn es vorgeht, steige ich wieder zu Pferde. Mein treues Roß harret meiner. Ich bin der äußerste Posten, war ich doch der letzt Gefallene. Die Trompete weckt mich wieder zu neuem Kampf.“

Die Nacht vom 6. zum 7. Februar war einer der kältesten und schaurigsten des ganzen Feldzuges; Schneegestöber und un= unterbrochen wehender rauher Wind machten das Herz im Leibe frieren.

In dieser Nacht bewegten sich lange Züge von Wagen, sitzende und liegende Fahrgäste bergend, meilenweit Schritt um Schritt die Chaussee entlang auf Schleswig zu. Die Einen der Fahrenden haben den Kopf umhüllt, die Andern einen Arm hoch aufgebunden gegen die Brust; noch Andere liegen tief unter Stroh, so daß man nur hin und wieder einige Halme sich be= wegen sieht, andeutend, daß ein lebendes Wesen darunter. Auf anderen Wegen bewegt sich auch nicht einmal ein Halm mehr! Die nächtlichen Fahrgäste sind — Verwundete. Wenn von Hun= derten Einer vielleicht bei der grausigen Kälte ein Stück Bett durch eine mitleidige Hand erreicht hat, ist er gut daran. Wenige haben es; die meisten nicht. Auf einmal hält der traurige Zug. Ein Verwundeter kann das Fahren nicht mehr ertragen; seine Beinwunde schmerzt ihn zu heftig. Aber es hilft nichts, es muß vorwärts gefahren werden, vorwärts, denn es sind Hun= derte, die fort sollen. Und wenn sie abgeladen werden, die armen Passagiere dieses Märtyrerzuges, dann theilt man sie in zwei Theile, — die, die noch leben und die, die unterwegs ge= storben sind. —

Die Sanitäts=Compagnien hatten gekeucht unter der Last ihres schrecklichen und doch so schönen, so aus ganzer Seele dank=

Ich zog es daher vor, theils, um bei den bevorstehenden Ereignissen mehr in die Nähe des Schauplatzes zu sein, theils aber, weil ich es für Unrecht hielt, das auf's knappste Bemessene noch mehr zu kürzen, mein Glück in Flensburg zu versuchen. — Hätte ich indeß ahnen können, daß kurz nach meinem Fortgange Hamburgs bester Bürger einer, mit so reichen Schätzen beladen, hierher kommen würde, die Hungrigen zu speisen und die Durstigen zu tränken, ich wäre noch einen halben Tag geblieben. Ich wäre geblieben, und hätte ich es auch nur gethan, um jetzt als Augen- und Ohrenzeuge berichten zu können, wie freundlich er empfangen, wie großer Dank ihm von dem ganzen Hauptquartiere gezollt wurde. —

Es war aber auch eine wahre Wunderkarre, die dieser ächte Soldatenfreund bei sich führte. Nicht nur, daß er Hunger und Durst stillte, nein sogar für die Warmhaltung der edlen Theile, — die die Verdauung der kolassalen Roastbeefs und riesigen Braten zu übernehmen hatten, war er besorgt gewesen, er hatte Flanell zu Leibbinden — ein ganzes Stück von 60 Ellen — mitgebracht. —

Und wer da meint, dies sei nicht dankbar aufgenommen, der irrt sich. Im Gegentheil, sehr dankbar! Ich hatte, als ich durch Hamburg reiste und von Vielen hörte, sie wollten die Truppen, die lange dort vorher gestanden und zahlreiche Freunde sich erworben hatten, auf dem Kriegsschauplatze aufsuchen und ihnen Zufuhr bringen, gezweifelt, daß diese Absicht in Erfüllung gehen werde. Es waren also doch keine leeren Versprechen. Es war wirklich Ernst!

Meine Reise-Gelegenheit bot sich mir bald und erwünscht. Ein Officier, in's Hauptquartier des Oberbefehlshabers commandirt, nahm mich mit und so zogen wir denn, nachdem in einigen Minuten — Frörup liegt dicht an der Chaussee — diese erreicht war, über den gestrigen Kampfplatz hinweg gen Flensburg. Auf der Chaussee sah es, von dem Kampfplatz selbst schweige ich, bunt aus. Zahllose Wagen, umgestürzt und zerbrochen, Geschütze, Protzkasten und Pferde-Cadaver, bedeckten die Straße, so daß man kaum 100 Schritte fahren konnte, ohne nicht auf einen dieser Gegenstände zu stoßen. Als Reisebegleiter waren außer dem Officier, dessen

Diener und ein commandirter Soldat mit auf dem Wagen, ein Paar luſtige Burſchen, die, ſo unangenehm mich der Anblick des Schlachtfeldes auch berührte, mir durch ihre Art zu ſchwatzen dennoch ein Lachen abgewinnen konnten. — Sepperl — der Diener — war ein Ober=Oeſterreicher, ein junger, blühender Burſche, aus deſſen verſchmitzten Augen Schalkhaftigkeit hervor=blickte, die ihm Mutter=Natur ſo reichlich mitgegeben hatte, daß er dadurch Erſatz zu haben ſchien für den Mangel an denjenigen Kenntniſſen, die der arme Dorfſchulmeiſter, als das einzig er=reichbare Ziel ſeines mühſeligen Berufs — bei vielleicht kaum 100 Gulden jährlichen Gehalts — ſich vergebens bemüht hatte, in 8—10jährigem Curſus ihm einzuprügeln — Leſen, Schreiben und Rechnen. Er war aber ein guter Soldat und ein treuer Diener ſeines Herrn, für den er durch's Feuer ge=gangen wäre. Franz, der andere, war älter und geſetzter. Er hatte entſchiedenen Einfluß auf ſeinen Cameraden. Er trug die ſilberne Tapferkeits=Medaille und davor hatte Sepperl Reſpect.

Franz war ſenſibler Natur; Sepperl ſchien keine Nerven zu haben.

„Schau da das todte Pferd, wie's da liegt," begann Sepperl, „die Franzoſen haben im Kriege manchmal Pferdefleiſch ge=geſſen!"

Sepperl kannte, wie man ſieht, die Geſchichte.

„Halt's Maul," erwiderte Franz, „ich will ſolchen Unſinn nicht hören."

Nach einer Weile beginnt Sepperl wieder:

„Schau, Franz, da haben's ein Pferd ſchon abgezogen, die Raben haben gutes Futter."

Das war Franz zu viel; er antwortet aufgebracht:

„Schweig', hab ich Dir geſagt; wenn Du dabei lägſt, läg' ein Eſel mehr dabei."

Das war zu hart. Das hatte Sepperl vom Freunde nicht erwartet. Ihm in dieſer Geſtalt das memento mori vorzu=halten, das machte ihn verſtummen, und ſinnend erwiderte er nach einer Weile: „Du haſt auch Recht, Franz," und ſchwieg.

Das dauert aber nicht lange. Da kommt ein Trupp Gefangener.

6

legt, in Flensburg sah man mißmüthige, zaghafte Gesichter. Das mußte seinen Grund haben!

„Die dänischen Beamten sind immer noch hier," hieß es, „und die Schwarzseher sahen die dänische Armee auch schon, möglichst bis an die Eider, zurückmarschiren."

Es waren nun wirklich liebe Leute, diese dänischen Beamten, das muß ich gestehen, die sich bis zum letzten Augenblick mit einer solchen Consequenz befleißigten, ihren wahren Charakter an den Tag zu legen, daß es den sehr bald eintreffenden Civil-Commissairen, — denn der Oberbefehlshaber hätte möglichst jede Einmischung seinerseits zurückgewiesen, — wohl nicht schwer wurde, ihnen die Pässe nach Kopenhagen oder sonst wohin visiren zu lassen. —

Der Oberbefehlshaber hatte jede Agitation als unstatthaft verboten. „Eure Fahne könnt Ihr ausstecken soviel Ihr wollt," hatte er aber genehmigt. —

Da ergeht das Verbot, daß nur schleswigsche Fahnen, nicht aber schleswig-holsteinische gestattet seien, es müssen also alle andern beseitigt werden und schleswigsche allein gab es nicht. —

Es werden wirklich preußische, österreichische Fahnen fortgenommen, bis der „streng gerechte Herr Polizeimeister" belehrt wird, daß er „eigenmächtig" gehandelt, daß dies Sr. Excellenz nicht gemeint habe. —

Die Kinder wollen deutsch lernen, sie dürfen es aber nicht; man mißhandelt sie, wenn sie es verlangen. —

Das waren die Ursachen der Mißstimmung, das beseitigt zu sehen der höchste Wunsch. — Man überzeugte sich sehr bald, daß die Hülfe gekommen sein, daß Gerechtigkeit geübt werde. —

Ein Knabe, der einen Adjutanten des Feldmarschalls auf der Straße anredet und über die Sprach-Angelegenheiten höchst sinnig eine Aufklärung erbittet, wird vorgeführt. Er darf seinen Wunsch vortragen. Man sieht die Freundlichkeit und Zuvorkommenheit bei aller Gelegenheit und in wenigen Tagen sind die Preußen — beliebt. Sie wollen ja, man siehts, wirklich helfen! —

„Wer ist der blonde Adjutant vom Feldmarschall? wie heißen die beiden großen Cavalleristen und der freundliche Herr mit dem starken Backen- und Schnurbart?" fragt Einer, und werden die Namen genannt, dann kommt ein zweiter dazu, wie ich es erlebt, und fragt:

„Wer muß das nur sein? Ein Offizier im Regenmantel, kleine Mütze ohne Schirm und mit einer kurzen Pfeife?"

„Das ist einer der Freundlichsten!"

„Das ist ja der Kronprinz," antworten mehrere zugleich, die aber kurz vorher selbst erst gefragt haben. „Der holt alle Morgen den alten Herrn ab; den müssen Sie einmal auf der Straße sehen, wenn er mit den Soldaten spricht. Das ist ein ganz charmanter Herr."

„Der Prinz Albrecht, das ist der große alte Herr," beginnt ein Dritter, „der den Kutscher in russischer Tracht hat, nicht wahr?"

„Ja wohl! Er hat auch einen Mohren," ergänzt ein besonders Kundiger. —

Es war nun gewiß ein Stammgast von Döll, dieser Wohlunterrichtete, von dem braven Besitzer der „Stadt Hamburg", dem der Wütherich von Polizeimeister die Farben der Verbündeten von der Thür wegnehmen ließ. Dort wohnte nämlich der Prinz. —

Im „Rasch-Hotel" wohnte der Kronprinz. Zum Frühstück und Abends ist dort die Reunion der Herren des Hauptquartiers und der hohen und höheren Zuschauer auf dem Kriegsschauplatz.

Bei Döll dagegen tagen die gewichtigen Männer, die die Ereignisse der Zeit der Unsterblichkeit überliefern — die Correspondenten. —

Cöln und Berlin, Hamburg und andere Städte mehr hatten ihre Feld-Correspondenten hier, die ihre Artikel mit Kreuzen und Sternchen, mit Drei- und Vierecks und sonstigen Hieroglyphen versehen, in die liebe Heimath spedirten, wo sie von Morgens beim Kaffee an, bis Abends zum letzten „Schlummergrog" das Thema des Tages bilden, denn jeder will Etwas und möglichst etwas Neues vom — Kriegsschauplatz wissen. —

Das Leben in Flensburg wurde von Tag zu Tag lebendiger. Waren es nicht die nachziehenden Wagen-Colonnen, so waren es die Contingente von Abgesandten der umliegenden Cantonnements, die seitenlang in ihren Brieftaschen die Aufträge von allen möglichen Bedürfnissen verzeichnet, wahrlich nicht zum Ver-

„8 Schillinge Reichsbankmünze," wiederholt er.

„Ich will's in Courant wissen."

„Das kenne ich nicht. Bezahlen Sie 2 Silbergroschen."

„In Courant," beharrt der Herr.

Da erhebt sich ein Oesterreicher und sagt:

„Gebens mir einen Schoppen Bier und dann will ich wissen, was das in Courant kostet, sonst —"

Ich weiß nicht, was sonst geschehen wäre, aber der Herr machte eine so wunderbare Bewegung mit der rechten Hand, erhielt aber die Antwort:

„Zwei Schillinge."

Und seinen Schoppen öffnend, sagte er befriedigt:

„So ist's gut."

Das österreichische Haupt-Quartier verlegte nach einigen Tagen seinen Sitz ebenfalls nach Flensburg.

Am 12. fand innerhalb des 9. Jäger-Bataillons, das zu diesem Zwecke vor das Haupt-Quartier aufgestellt war, die Beförderung der in Veranlassung der Gefechte von 3. und 6. Februar sich ausgezeichnet Habenden statt.

Nachdem die Avancements ausgesprochen waren, redete der General, umgeben von zahlreichen Offizieren seines Stabes, den gerade anwesenden Brigade-Commandeuren, sowie mehreren fremden Offizieren und einer soeben von ihm empfangen gewesenen Deputation, das Bataillon an.

Nachdem er ihre Verdienste, die der „tapfern Jäger des 9. Bataillons" gewürdigt, dankte er dem Allerhöchsten Kriegsherrn — dem Kaiser — der stets so väterlich seines Heeres gedenke; der auch heute wieder seine Gnade darin an den Tag lege, daß er seinen General-Adjutanten, den Grafen Coudenhoven, hierher gesandt, um die Lazarethe zu besuchen und die Bedürfnisse der Verwundeten zu erfahren; der ihn ermächtigt habe, die Verdienste der Tapferen sofort zu belohnen, ihm ein Hurrah, dreimal wiederholt unter Begleitung der Volkshymne, darbringend.

Nachdem sodann ein 3 maliges Hurrah dem Allerhöchsten Verbündeten, dem Könige von Preußen, sämmtlichen Prinzen, die

die Mühsalen des Feldzuges theilten, dem Oberbefehlshaber und den edlen Männern und Frauen, die aus allen Gauen Teutschlands ihre Theilnahme für das Heer bekundeten, dargebracht, fuhr er fort:

„Eine heilige Pflicht bleibt uns noch zu erfüllen, tapfere Jäger! In unserer Freude über den Sieg und den uns zu Theil gewordenen Auszeichnungen dürfen wir nicht vergessen der Wittwen und Waisen unserer gefallenen Kameraden. Sie stehen jetzt allein in der Welt mit dem Gefühl unendlichen Schmerzes im Herzen; sie können nicht bitten, sie haben nur Thränen. Unter meinen Befehlen haben die theuren Todten gefochten, die sie beweinen, in denen sie ihre Stütze verloren haben.

Ich betrachte deshalb die Hinterlassenen der vor dem Feinde gefallenen Officiere und Soldaten des mir von Sr. Majestät allergnädigst anvertrauten k. k. 6. Armee-Corps als meine Adoptiv-Kinder.

Heute zum ersten Male bedauere ich, daß ich nicht reich mit Glücks-Gütern gesegnet bin, denn es giebt unter meinen Adoptiv-Kindern viele, die Hülfe bedürfen, gar viele, für deren Erziehung und ehrliches Fortkommen gesorgt werden muß.

Vor 14 Jahren war ich so glücklich, mir unter ähnlichen Verhältnissen im Schnee und Eis im Winter-Feldzuge das Ritter-Kreuz des Maria-Theresien-Ordens zu erkämpfen, mit welchem die Munificenz der glorreichen Stifterin eine Jahres-Pension von 600 fl. verbunden hat. Als erste Gabe für die Wittwen und Waisen des 6. k. k. Armee-Corps — meine Adoptiv-Kinder — widme ich meine einjährige Ordens-Pension in der Ueberzeugung, daß sich die Mildthätigkeit großmüthiger Herzen dem gleichen Zwecke zuwenden werde.

Ich rechne dabei auf die wohlwollende Unterstützung der Presse, die niemals fehlt, wo es Noth zu lindern, wo es Thränen zu tocknen giebt. Sie wird sicherlich ihre Stimme erheben zu Gunsten meiner Adoptiv-Kinder und die Redactionen werden sich gerne bereit erklären, die Spenden zu sammeln und mir zur Verwendung zu übergeben!"

Alle Anwesenden waren hingerissen von dem mit seltenem Rednertalent begabten Feldherrn.

Druckfehler.

Seite 7, Zeile 15 v. o. lese man: namhafter statt „nahmhafter".

„ 9,   „ 14 v. u.   „   „   das preußische statt „des preußischen".

„ 10,   „   4 v. o.   „   „   hinter „Brigade:" General-Major v. Schmid.

„ 10,   „   4 v. u.   „   „   hinter „Belgier" No. 27.

„ 10,   „   5 v. u.   „   „   14 statt „17".

„ 15,   „ 18 v. u.   „   „   hatte statt „hat".

„ 22,   „   2 v. u.   „   „   eine statt „einige".

„ 29,   „   5 v. o.   „   „   Königshöhe statt Königshöhe".

„ 35,   „   7 v. u.   „   „   ihm statt „ihn".

---

www.ingramcontent.com/pod-product-compliance
Lightning Source LLC
Chambersburg PA
CBHW021542270326
41930CB00008B/1338